TEMAS
SPANISH FOR THE GLOBAL COMMUNITY

CUADERNO DE EJERCICIOS Y
MANUAL DE LABORATORIO

David Shook
Georgia Institute of Technology

Andy Noverr
University of Michigan

Heinle & Heinle
Thomson Learning™

United States • Australia • Canada • Denmark • Japan • Mexico • New Zealand
Philippines • Puerto Rico • Singapore • Spain • United Kingdom

Text Credits

p. 5, "Estudiantes de la USAL entre los mejores del país," adapted from http://www.salvador.edu.ar/634.htm, reprinted by permission of the Universidad del Salvador, Secretaría de Prensa y Difusión; **p. 20,** "El mundial se transmitirá en español por radio y TV," © *Mundo Hispánico,* June 4, 1998, Atlanta, GA, reprinted by permission; **p. 40,** Apartment ads, © *Mundo Hispánico,* January 29, 1998, Atlanta, GA, reprinted by permission; **p. 67,** "El indispensable smoking," *Hombre de mundo,* v. 13, num. 3, March 1998, permission requested of *Hombre de mundo;* **p. 113,** "Problema de la basura sin control en Río Azul," *La República,* September 17, 1992, © Editorial La Razón, San José, Costa Rica, reprinted by permission; **p. 120** (La ruta turística cubana dedicada a Hemingway) adapted from "El Viejo, a los 101 años, piensa en Hemingway y el mar," by Mireya Navarro, © 1999 New York Times Co., reprinted by permission; **p. 130,** Real estate ads, © *Mundo Hispánico,* May 13, 1999, Atlanta, GA, reprinted by permission; **p. 133,** "Western Union espera ampliar su servicio de dinero a Cuba," © Copyright Reuters Limited 1999, reprinted by permission; **p. 151,** "Venezuela – Actividades del sector secundario – Las industrias," adapted from http://www.cideiber.com/infopaises/venezuela/Venezuela-05–05.html, reprinted by permission of the Federación de Cámaras de Comercio Iberoamericanas en España; **p. 176,** "Consejos que pueden salvar vidas," adapted from Selecciones de Reader's Digest, June 1997, permission requested of Reader's Digest Latinoamérica, S.A., Coral Gables, FL.

For permission to use material from this text, contact us:

web	www.thomsonrights.com
fax	1-800-730-2215
phone	1-800-730-2214

Printed in the United States of America

ISBN: 0-8384-8154-X

1 2 3 4 5 6 7 8 9 03 02 01 00 99

Contenido

Preface

The Workbook/Laboratory Manual that accompanies *Temas* is designed to reinforce and practice the vocabulary, structures, and communicative functions introduced in the main text, and to further develop pronunciation and aural comprehension skills.

Each chapter of the Workbook follows the basic structure of the main text with exercises and activities corresponding to each of the chapter's three **Temas.** At the end of each **Tema**'s activity set there is a **Síntesis** section that combines elements of the various **Vocabulario** and **Funciones y estructuras** sections while reinforcing and practicing reading and writing skills. As in the main text, writing is treated as a process and all writing assignments are correlated to the *Atajo Writing Assistant Software.* The *Atajo* software runs on Macintosh and PC platforms and includes spell-check and a dictionary. Readings in the **Síntesis** sections are fully supported by pre- and post-reading activities that offer additional opportunities to practice the reading strategies developed in the main text. Each chapter of the Workbook ends with an **Autoexamen** that allows for self-testing on key vocabulary and structures. An answer key for the **Autoexamen** can be found on pages 269–279. Answers to other Workbook activities are available in a separate Workbook Answer Key.

Chapters in the Laboratory Manual begin with **Pronunciación,** which provides additional practice with the sounds covered in the corresponding chapter of the main text. Following **Pronunciación,** the **Dictado** excercises focus on identifying and writing down words and phrases that use chapter-relevant vocabulary. **Extensión** activities often follow a **Dictado** and provide the opportunity to process the information written down in meaningful contexts as a transition to the listening comprehension section that follows. In the **Comprensión auditiva** section, native speakers talking about everyday situations or involved in lively conversations relevant to chapter themes and brief narratives on topics of cultural interest engage the listener in highly contextualized listening strands. Activities stress listening for information (rather than for form) and often provide a brief **Vocabulario importante** list to facilitate comprehension of unfamiliar terms. Answers to the Laboratory Manual activities are available in a separate Laboratory Manual Answer Key.

Cuaderno de ejercicios

Cuaderno de ejercicios

¡A empezar!

El salón de clase

A. Expresiones. For each of the classroom situations shown, write in Spanish what the person most likely is saying or thinking.

A: _____

_____

_____

B: _____

_____

_____

C: _____

_____

_____

D: _____

_____

_____

E: _____

_____

_____

_____

F: _____

_____

_____

G: _____

_____

_____

_____

Los saludos y despedidas

B. Diálogos.   After a day or so of Spanish class, you would like to try a bit of real-world practice, so you search about for some opportunities to try out some of the phrases you have learned. For each situation or dialogue below, provide an appropriate question or response in Spanish.

1.   One morning you see one of the other Spanish professors heading into the classroom building. You say to her:

_____

2.   She replies, "Bien, bien. ¿Cómo te llamas?" You respond:

_____

3.   On the way to another class, you see your friend Jorge, who is originally from Venezuela. You surprise him by saying:

_____

4.   You ask how he is doing:

_____

5.   After some chitchat in English, you've got to head off in a different direction. You "sign off" by saying:

_____

6.   After classes, you and some friends go to your favorite Cuban restaurant. You notice your waitress has a name tag with "Verónica" on it. When she gets to the table, you greet her by saying:

_____

7.   Verónica smiles and replies, "Mucho gusto." You respond:

_____

Los cursos

C. ¿Qué estudiaron los famosos?   If the following real/fictitious people had pursued their studies at a Hispanic university, what would they have studied to get where they ended up in their professions?

1.   Charles Darwin _____

2.   Clarence Thomas _____

3.   Dr. Dolittle _____

4.   Indiana Jones _____

5.   Lois Lane _____

6.   Marie Curie _____

7.   Octavio Paz _____

8.   Oprah Winfrey _____

9.   Rita Moreno _____

10.   Stephen Hawking _____

Los días, los meses y las estaciones

D. Asociaciones. People tend to be creatures of habit. If you had to explain when certain events or actions *normally* occur here in the U.S. to a student recently arrived from a Hispanic country, what would you say? Write a day of the week or a month in Spanish that you associate with each of the following concepts.

1.   2.   3.   4.

5.   6.   7.   8.

9.   10.

1. _____ 6. _____

2. _____ 7. _____

3. _____ 8. _____

4. _____ 9. _____

5. _____ 10. _____

Los números

E. ¡Ordenemos!   Sorting the numeric symbols in Spanish is easy, since Spanish uses the same symbols as most other western languages do (1, 15, 76, etc.). But how well can you sort using the *words*? Put the following number words in ascending order, from least to most.

noventa y nueve / cuarenta / veinticinco / siete / tres / cincuenta y nueve / treinta y cuatro / once / cero / diez / quince / ochenta / veintinueve / sesenta y seis / cien / cuarenta y dos / sesenta / catorce / cincuenta y siete / dieciocho

_____   _____

_____   _____

_____   _____

_____   _____

_____   _____

_____   _____

_____   _____

_____   _____

_____   _____

_____   _____

Gender, number, and definite articles

F. Lo que necesitamos.   Help your fellow Spanish classmates complete their list of necessary items for the classroom. They know the items but need help in identifying the following words as masculine or feminine, singular or plural. Circle the appropriate definite or indefinite article for each item in the list.

Modelo: el   la   los   las   lápiz
              el

1. el   la   los   las   escritorios

2. un   una   unos   unas   mochilas

3. el   la   los   las   profesora

4. el   la   los   las   tiza

5. un   una   unos   unas   borrador

6. el   la   los   las   pizarra

7. un   una   unos   unas   libro

8. un   una   unos   unas   cuaderno de ejercicios

9. el   la   los   las   puerta

10. un   una   unos   unas   bolígrafos

Cuaderno de ejercicios

CAPÍTULO 1

Éste soy yo

Tema 1 Datos personales

Vocabulario: Los formularios

A. ¡Información, por favor!   As part of your job working with international students, you have been sent an electronic copy of the personal information for an incoming student, but the information has become corrupted. Match each category on the left with the appropriate information on the right.

_____	1. Apellidos	a.	22-31-02
_____	2. Ciudad	b.	4359289309875622
_____	3. Dirección electrónica *(email address)*	c.	Bertha Julieta
_____	4. Nacionalidad	d.	Colombia
_____	5. Nombres	e.	colombiana
_____	6. País	f.	Bogotá
_____	7. Pasaporte Nº	g.	mujer
_____	8. Sexo	h.	ncastillo@miti.gob.pe
_____	9. Teléfono	i.	Nuñez Castillo

B. Estudiantes premiados.   The following is an article appearing on the web site of a university in Argentina. In the article, two prize-winning students are identified. Skim through the article and reconstruct the writer's original notes on page 6, based on the information you find in the article.

Nuevamente dos estudiantes de la USAL entre los mejores del país

Por segundo año consecutivo, dos estudiantes de la USAL ganaron el Premio Presidencia de la Nación por sus altos promedios.

El 2 de mayo, María Alejandra Marinkovic, estudiante de la carrera de psicopedagogía, y Eduardo Garbarino, estudiante de veterinaria, fueron distinguidos por los promedios generales obtenidos en sus respectivas carreras.

Los premios fueron entregados en el Salón Blanco de la Casa de Gobierno por el Presidente de la Nación, doctor Carlos Menem y la Ministra de Educación, la licenciada Susana Decibe.

En 1997, primer año en que se entregó ese premio, nuestros entonces alumnos Ana María Blanco, derecho, y Fabián Marcos Milano, de la carrera de publicidad, se adjudicaron el galardón entre 33 estudiantes con mejores calificaciones de universidades públicas y privadas de todo el país.

María Alejandra cursa el último año de la licenciatura en psicopedagogía con un promedio de

---

9,83, el mejor de las disciplinas de psicología de todo el país. Eduardo cursa el último año de veterinaria en el Campus de Pilar, con un promedio de 8,36, el mejor en su disciplina en la Argentina.

El premio que recibieron consiste en un diploma de honor.

María Alejandra Marinkovic

María Alejandra, de 26 años, es de Puerto Santa Cruz, un pueblo de 3.000 habitantes de esa provincia. No trabaja, a la mañana cursa y por las tardes realiza los trabajos pendientes de la Facultad. Sus aspiraciones futuras miran a su provincia. «Estoy considerando quedarme un par de años en Buenos Aires después de mi graduación, para formarme profesionalmente, adquirir experiencia y las herramientas necesarias como para ejercer en mi provincia.»

Eduardo Garbarino

Nacido y criado en Barrio Norte, Eduardo (27) está a punto de concluir su carrera. «Ojalá que este premio nos dé la oportunidad para conseguir una beca de perfeccionamiento en el exterior» manifestó Garbarino, quien piensa dedicarse profesionalmente a la producción de grandes animales.

Ella Él

apellidos ____ ____
nombres ____ ____
sexo ____ ____
carrera ____ ____
promedio académico ____ ____
edad ____ ____

fecha de ceremonia: ____
participantes en la ceremonia: ____

lo que recibieron: ____

Funciones y estructuras: *Providing personal information with the verb ser*

C. Un amigo nuevo. Select the personal pronoun or form of the verb **ser** for each blank.

yo / tú / él /ella /usted / nosotros / vosotros / Uds.

soy / eres / es / somos / soís / son

> Estimado amigo nuevo:
>
> Me llamo Ben Flanagan. _____ alumno de la Universidad McGill.
>
> ¿ _____ tú profesor o estudiante? _____ soy representante del
>
> nuevo Club de Español aquí en McGill. Nosotros _____ estudiantes de la clase
>
> del español básico. Nuestra profesora _____ la Dra. Sainz-Cádiz.
>
> _____ es muy inteligente y cómica. En la clase, muchos de los estudiantes
>
> _____ americanos, pero otros son de orígenes internacionales. Por ejemplo,
>
> tenemos Masako (_____ es japonesa), Jean-Paul (_____ es de
>
> Francia) y Rebekah (ella _____ de Israel). ¿Son _____ todos ameri-
>
> canos (o, como se dice en España, ¿ _____ vosotros americanos?). Ojalá que
>
> puedas responder pronto. Buena suerte en los estudios.
>
> Sinceramente,
>
> Ben

Now, write two or three sentences in Spanish, responding to Ben's questions and telling him a bit more about you and/or your Spanish class.

_____

_____

_____

_____

Funciones y estructuras: *Describing objects and people with adjectives*

D. En mi opinión. Complete the following paragraph with the correct form of the adjectives in the list provided on the next page.

Me llamo Jorge Rebaza Belén. Soy (1) _____ y soy de un país

(2) _____ que se llama Bolivia. Ahora soy estudiante en una universidad

(3) _____ en los Estados Unidos. Estudio matemáticas y todos los profesores

son (4) _____ pero muy (5) _____. Mi hermana, Estefanía,

también estudia aquí. Ella es muy (6) _____ y (7) _____ todo

el tiempo. En mi opinión, los estudiantes (8) _____ son (9) _____.

En general, ellos, Estefanía y yo todos somos (10) _____.

1. a. joven   b. jóvenes

2. a. bonito   b. bonita   c. bonitas   d. bonitos

3. a. grande   b. grandes

4. a. difícil   b. difíciles

5. a. buen   b. buena   c. buenos   d. buenas

6. a. simpático   b. simpática   c. simpáticos   d. simpáticas

7. a. alegre   b. alegres

8. a. americano   b. americana   c. americanos   d. americanas

9. a. entusiasta   b. entusiastas

10. a. diligente   b. diligentes

E. Frases descriptivas. For each set of words and phrases below, put the items in a logical order, using the correct form of the verb **ser** and the correct form of the adjectives (masculine/feminine, singular/plural). You may add other information.

Modelo: excelente / todos los profesores
            Todos los profesores aquí son excelentes.

1. ellos / deportista / chileno

    _____

2. inteligente / nuestra clase / todas las personas

    _____

3. Gloria Estefan / cubano / cantante

    _____

4. nuevo / mi amigo / guatemalteco

    _____

5. español / grande (*great*) / *Don Quijote* / libro

    _____

■ Un paso más: Nacionalidades—¿De dónde son ustedes?

F. Orígenes. For each of the following people or groups of people, determine their nationality. Then, write two sentences in Spanish, following the example.

Modelo: Cristina / España
            Cristina es de España.
            Ella es española.

1. (Jorge / Mónica / México)

_____

_____

_____

2. (Esteban / España)

_____

_____

_____

3. (Nicholas / Rusia)

_____

_____

_____

4. (Edgardo / Edith / Argentina)

_____

_____

_____

5. (Guillermo / Cuba)

_____

_____

_____

6. (La Dra. Valencia / Costa Rica)

_____

_____

_____

7. (Sandra / Inglaterra)

_____

_____

_____

8. (Dolores / Keisha / Estados Unidos)

_____

_____

_____

9. (Los Torres / la República Dominicana)   10. (Martin / Polandia)

_____   _____

_____   _____

_____   _____

Síntesis

G. Mi amigo(a) íntimo(a).   Use the following steps in order to organize your thoughts and then write a paragraph in Spanish describing you and your best friend.

Atajo

Phrases/Functions: describing people
Vocabulary: people; nationality
Grammar: verbs: **ser**

1. Use the following form to outline some information regarding yourself that you would share with a new Hispanic friend.

Mis nombres son _____.

Mis apellidos son _____.

Mi fecha de nacimiento es _____.

En cuanto a la nacionalidad, soy _____ y mi familia es de

_____.

En cuanto a su personalidad, mis padres son _____ y

_____.

En cuanto a mi personalidad, soy _____ pero también

_____.

2. Now, use the next form to outline some information regarding your best friend, male or female.

Sus nombres son _____.

Sus apellidos son _____.

Su fecha de nacimiento es _____.

En cuanto a la nacionalidad, él (ella) es _____ y su familia

es de origen _____.

En cuanto a su personalidad, sus padres son _____.

En cuanto a su personalidad, él (ella) es _____ pero

también _____.

3.   Now, integrate the information from the previous forms into one complete description following the outline.

Soy _____.

Mi amigo/a íntimo/a es _____.

Mi fecha de nacimiento es _____ y la de _____

es _____. Mis padres son de origen _____

y _____ es de origen _____. Los dos somos

_____ y _____, pero él/ella es _____

y yo _____.

Tema 2 Ocupaciones

Funciones y estructuras: *Talking about daily activities with the simple present tense*

H. Un horario lleno.   Look over Marcos's schedule for the week on page 12, then write what he would tell you about his obligations for the week. Finally, using your own schedule, tell when you and Marcos could get together for one hour to watch the 24-hour news in Spanish.

Marcos dice:

1.   «Los sábados a las 2 de la tarde yo _____».

2.   «Los lunes antes de clases yo _____».

3.   «Los viernes por la noche Elena _____».

4.   «Todas las tardes yo _____».

5.   «Los domingos mis padres y yo _____».

6.   «Los martes y los jueves Javier y yo _____».

7.   «Todas las noches de las 22:00 hasta las 23:30 yo _____».

8.   «El miércoles, Elena y yo _____».

9.   Tú le dices a Marcos: «Marcos, ¿por qué no miramos las noticias _____»?

	LUNES	MARTES	MIÉRCOLES	JUEVES	VIERNES	SÁBADO	DOMINGO
6:00							
7:00		correr con Javier		correr con Javier			
8:00	desayunar		drama		drama		
9:00	química	química	química	química	química		
10:00		ingeniería	escribir comp. con Elena	ingeniería			
11:00	historia	↓	historia	↓			
12:00	↓		↓				
13:00							
14:00	literatura	literatura	literatura	literatura	literatura	tocar piano con Elena y Javier	
15:00	trabajar	trabajar	trabajar	trabajar	trabajar	↓	
16:00							
17:00	↓	↓	↓	↓	↓		
18:00							
19:00							cenar con Mami y Papi
20:00							
21:00					Elena: concurso de baile		↓
22:00	estudiar	estudiar	estudiar	estudiar			estudiar
23:00	↓	↓	↓	↓	↓		↓
24:00							

I. Una carta a casa. Write the correct form of the verb in parentheses in the space provided.

21 de octubre

Mamá y Papá:

Todo me va bien aquí en la universidad. Todos los estudiantes _____ (estudiar) mucho; Estefanía y yo _____ (leer) cada noche y _____ (escribir) muchas composiciones. En esta universidad los profesores _____ (enseñar) una hora o más, dos o tres días a la semana, y yo _____ (comprender) la mayoría de la información, pero todos los estudiantes _____ (trabajar) mucho en los estudios.

Yo _____ (caminar) a mis clases cada día y los sábados y domingos _____ (descansar) en mi cuarto. Mis compañeros son excelentes. _____ (ser) Patrick y Jess—Patrick _____ (ser) de Canadá y la familia de Jess _____ (vivir) en Maryland. Nosotros _____ (comer) juntos en la cafetería y a veces Estefanía y sus amigas _____ (comer) con nostros—entonces, todos _____ (hablar) inglés.

Mamá: ¿_____ (cocinar) tú mucho para los días festivos en noviembre y diciembre? Espero que sí. Aquí la comida es regular, ¡no estupenda como la tuya! Papá: ¿_____ (escuchar) tú en la radio los problemas políticos ahora en Estados Unidos? Yo _____ (mirar) las noticias en la televisión cada mañana para ver qué hay de nuevo.

Pues, esta noche Estefanía _____ (cenar) con un grupo de su clase de inglés, así yo _____ (preparar) la tarea para mañana. Los echo de menos.

Un abrazo fuerte, Jorge

J. Aquí, ¡no es así! A group of college students from Spain have come to visit your Spanish class to learn more about U.S. customs. Respond positively or negatively to the questions they ask you, and if you answer in the negative, tell them what *is* done. Follow the model.

Modelo: En la universidad: ¿estudias tú mucho?
Sí, estudio mucho. o: *No, no estudio mucho; estudio muy poco.*

1. Gloria Estefan: ¿canta en español o inglés?

   _____

2. Tus compañeros y tú: ¿leen el periódico?

   _____

3. En la clase de español: ¿comes tú?

   _____

4. Tus padres: ¿escuchan la música «country»?

   _____

5. Ustedes: ¿hablan otro idioma?

   _____

6. Los estudiantes de aquí: ¿corren de clase a clase?

   _____

7. En la(s) cafetería(s) de la universidad: ¿preparan buena comida?

   _____

8. En la clase de español: ¿miran ustedes vídeos?

   _____

9. Tú: ¿vives en una residencia estudiantil?

   _____

10. Jerry Lewis: ¿es popular?

    _____

Vocabulario: Profesiones y ocupaciones

K. Crucigrama. Identify the professions of these famous real/ficticious people in Spanish and fill in the puzzle.

Horizontales	**Verticales**
3. Ally McBeal	1. Hawkeye Pierce del programa «M.A.S.H.»
5. Leonardo DiCaprio	2. Julia Child
6. Wilma Flintstone	4. Lurch de la familia Adams
7. Pablo Picasso	7. Woodward y Bernstein
8. Barney Fife	
9. Whitney Houston	

L. Definiciones. Look over each definition and write in Spanish the name of the profession in which the people are engaged. Follow the model.

Modelo: Estas mujeres trabajan con computadoras y escriben programas.
Ellas son programadoras.

1. Esta mujer atiende a los pacientes, examina a las personas enfermas y hace investigaciones para buscar curas.

_____

2. Estos hombres trabajan en las escuelas y las universidades; enseñan clases y ayudan a sus estudiantes.

_____

3. Este hombre prepara comida en los restaurantes.

_____

4. Esta mujer protege al pueblo de los criminales.

_____

5. Estas mujeres diseñan las estructuras importantes de las ciudades (como el sistema de transporte) o las máquinas que necesitamos (como los motores en vehículos).

_____

6. Este hombre trabaja para una compañía; contesta el teléfono y saluda a los visitantes a la empresa cuando entran.

   _____

7. Estos hombres y mujeres vuelan los aviones en las fuerzas armadas o para las aereolíneas como Delta o Iberia.

   _____

8. Este hombre diseña los edificios donde trabajamos y vivimos.

   _____

9. Estos hombres nos informan de los eventos importantes en nuestra ciudad o en el mundo. A veces también investigan a las personas o compañías corruptas.

   _____

10. Esta mujer trabaja en casa de otra familia. Muchas veces prepara la comida, contesta el teléfono y limpia todo.

    _____

Síntesis

M. En el trabajo y en el tiempo libre.   A newly arrived student from a Spanish-speaking country has asked you to explain how people's work life is different from their personal life in the U.S. Tell the student what three of the following people/groups do *at work* and how that is different from what they do *at home in their free time.*

Modelo: ¿Tu padre/madre?
Mi madre es gerente. En el trabajo, ella administra los negocios de la compañía y organiza a los otros empleados, pero no escribe programas para computadoras. En el tiempo libre, mi madre trabaja en el jardín y toca el piano.

Atajo

Phrases/Functions: talking about the present
Vocabulary: professions; trades; leisure
Grammar: verbs: present tense

¿Tú? / ¿Tus profesores? / ¿Tus compañeros? / ¿Tu hermano(a)? / ¿Tu novio(a)? / ¿Tu amigo(a) mejor?

1. En el trabajo _____ ,

   pero no _____ .

   En el tiempo libre _____ .

2. En el trabajo _____ ,

   pero no _____ .

   En el tiempo libre _____ .

3. En el trabajo _____ ,

   pero no _____ .

   En el tiempo libre _____ .

Tema 3 Intereses personales

Funciones y estructuras: *Exchanging information with questions*

N. Preguntas múltiples.   One useful skill in learning another language is to be able to express the same idea in various ways, without changing meaning. For each of the following *yes/no* questions, change the structure by **a.** adding a tag question (**¿verdad?, ¿cierto?, ¿no?**) and **b.** switching the order of the subject and the verb. Follow the model.

Modelo: ¿Uds. hablan español?
   a. *Uds. hablan español, ¿no?*
   b. *¿Hablan Uds. español?*

1.   ¿Los estudiantes aquí miran mucha televisión?

   a. _____

   b. _____

2.   ¿Las enfermeras cuidan a los pacientes?

   a. _____

   b. _____

3.   ¿Nosotros asistimos a la clase de matemáticas al mediodía?

   a. _____

   b. _____

4.   ¿Tú eres de Albuquerque?

   a. _____

   b. _____

5.   ¿La secretaria escribe cartas y contesta el teléfono?

   a. _____

   b. _____

O. Entrevista básica.   You've been asked to interview in Spanish two new students from El Salvador, José María and Silvia. Take the phrases below and convert each into a *yes/no* type question, following the model.

Modelo: El béisbol es popular en El Salvador.
   ¿Es popular el béisbol en El Salvador? o: *El béisbol es popular en El Salvador, ¿no?* o: *El béisbol es popular en El Salvador, ¿verdad?*

1.   José María y Silvia estudian biología en la universidad.

   _____

2.   Muchos de sus amigos hacen ejercicio en el gimnasio.

   _____

3.   Son salvadoreños.

   _____

4. Con frecuencia ellos navegan la red.

   _____

5. José María estudia ciencias políticas y Silvia estudia biología.

   _____

6. Los dos pueden hablar mucho en español con los estudiantes de la clase.

   _____

P. ¿Qué pasa aquí? Some of the members of your Spanish class have been asked to put together a list of questions to ask José María and Silvia. Choose the words from the list to correct the questions and write the interrogative in the blank in each question.

Cómo / Dónde / Cuándo / A qué hora / Quién / De dónde / Por qué /Cuánto(a/os/as) / Cuál

1. —¿_____ se llaman Uds.?

   —Me llamo Silvia Ángela Torres.

   —Y soy José María Machado Gómez.

2. —¿_____ estudias biología, Silvia?

   —Porque quiero ser médica.

3. —¿_____ son Uds.?

   —De El Salvador.

4. —¿_____ años tienen Uds.?

   —Yo tengo 21 y Silvia tiene 23.

5. —¿_____ es su deporte favorito, José María?

   —Me gusta mucho jugar al fútbol y, de vez en cuando, juego al básquetbol.

6. —¿_____ tocas la guitarra en el concierto hoy, Silvia?

   —A las cuatro de la tarde, después de las clases.

Vocabulario: Los deportes

Q. Asociaciones. Match the people, places, and things on the left with the activities on the right.

_____ 1. AT&T   a. aeróbicos

_____ 2. balance beam   b. un evento Olímpico

_____ 3. beach   c. baloncesto

_____ 4. http://   d. béisbol

_____ 5. Richard Simmons y Jane Fonda   e. hablar por teléfono

_____ 6. Kenny G   f. gimnasia

_____ 7. pole vault   g. leer un libro

_____ 8. Stephen King   h. navegar la red

_____ 9. "The Sweet Sixteen", "The Elite Eight" y "The Final Four"   i. tocar un instrumento

_____ 10. The Astrodome, Wrigley Field, Camden Yards   j. voleibol en la arena *(sand)*

R. ¿Dónde y con quiénes? Fill in the following chart with the names of sports or activities from **Tema 3** that fit the appropriate categories. Some may be put in more than one category.

hacer la lucha libre / levantar pesas / tocar el piano / jugar baloncesto / hacer aeróbicos / jugar el tenis / jugar el fútbol / mirar televisión / leer un libro / hacer gimnasia / navegar la red

Adentro (Inside)	Afuera (Outside)	Solo(a) (Alone)	Con otra persona (With another person)	Con más de una persona (With more than one person)

Vocabulario: Otros pasatiempos

S. ¿Qué hacen? Look over each pair of drawings and their matching descriptions. For each, supply the appropriate missing words in Spanish.

1. Los sábados por la tarde, los futbolistas de la universidad _____, pero los otros días _____ mucho.

2. Por la mañana Susana _____ y por la noche ella _____.

 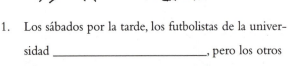  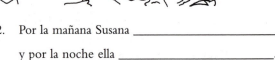

3. Cuando hace _____, el atleta _____, pero cuando hace _____ él _____.

4. Los viernes por la noche yo _____ y los sábados por la mañana _____.

5. Cuando hace _____, la esquiadora _____, pero cuando hace _____ ella _____.

6. En la _____ Miguelito _____ y en el _____ él _____.

Síntesis

T. Lectura: El mundial. Use the instructions and questions to guide your reading. It is *not* necessary that you understand each word you read.

Antes de leer

1. Glance over the article on page 20. Examine the title and the layout. In what type of publication did this article most likely appear originally?

   a. a magazine like *Reader's Digest*

   b. a magazine like *TV Guide*

   c. a newspaper

   d. a scholarly journal such as *Communication Today*

2. Justify your answer to #1 above in one sentence in English.

   _____

3. Skim the article. In Column A, identify those countries mentioned where Spanish is the principal language spoken; in Column B, list those countries mentioned where Spanish is not the principal language spoken.

   Column A   **Column B**

   _____   _____

   _____   _____

   _____   _____

   _____   _____

   _____   _____

El mundial se transmitirá en español por radio y TV

Washington (EFE) - Los millones de hispanos que viven en Estados Unidos podrán seguir en español, a partir del miércoles 10 de junio los partidos del Mundial De Francia '98, que serán transmitidos por radio y televisión a nivel nacional.

La cadena de televisión Univision anunció que transmitirán los 64 partidos. "La transmisión constituirá de 56 partidos en vivo y ocho grabados", indicaron fuentes de la cadena.

Por su parte, los derechos exclusivos de transmisión radial quedaron en manos de la cadena radiofónica de Radio Única. Aunque otras radioemisoras, como las colombianas Radio Caracol y RCN, tienen derechos para transmitir los partidos en Colombia los contratos impiden que aprovechen la señal para reproducirla en Estados Unidos. Sin embargo, representantes de las emisoras indicaron que darán a su público los análisis y las entrevistas que preceden y siguen a los partidos.

En la Copa del Mundo, que se celebra cada cuatro años, participan las selecciones de 32 países. América Latina, lugar de origen de la mayor parte de los 32 millones de hispanos que viven en este país, está representada por Argentina, Brasil, Colombia, Chile, México y Paraguay.

Los hijos de los inmigrantes latinoamericanos debaten sus lealtades entre el equipo de Estados Unidos, que se clasificó automáticamente por haber sido el anfitrión de la Copa en 1995, y la tierra de sus padres.

Pero los inmigrantes de primera generación siguen con fervor las actuaciones de sus selecciones nacionales y celebran en las calles sus triunfos. Los favoritos de los hispanos son México y Colombia, que son las selecciones de las colonias más populosas en este país que llegaron a Francia, pero la mayoría se declara contento con que la Copa quede en América.

A leer

4. Now, read through the whole article. <u>Underline</u> all of the words you understand—this will give you visual clues to how much you are understanding. Circle the words and phrases that are repeated more than twice—these are probably very important concepts for this article.

5. Check the following activities that are related to the information presented in this article.

_____ escuchar la radio   _____ mirar fútbol americano

_____ escuchar música   _____ mirar deportes en televisión

_____ jugar fútbol   _____ navegar la red

6. What world event is mentioned in this article? _____

   How is it expressed in Spanish? _____

7. In the second paragraph, the broadcast plans of the Spanish-language network Univisión are described. You know the Spanish verb **vivir** means *to live*. Given that, what does the phrase **en vivo** in the next section probably mean in Spanish in this context?

   _____

   With that in mind, what does **grabados** mean? _____

Después de leer

8. What sports or activities do you watch on TV or listen to on the radio? In Spanish, write two to three sentences describing your viewing and listening habits and give your reasons why. If you *don't* like sports, describe why you don't watch or listen to them, and then tell what you do watch on TV or listen to on the radio.

_____

_____

_____

_____

_____

U. Interpretación. Write a complete, logical question, using an interrogative word with the elements provided.

Modelo: ...computadoras hay en la clase...
   ¿Cuántas computadoras hay en la clase?

1. ...practicas la natación...

_____

2. ...juegan al tenis...

_____

3. ...charlas por teléfono con tu familia...

_____

4. ...trabajan los cocineros...

_____

5. ...estudias el español...

_____

6. ...se llaman esas mujeres...

_____

7. ...es la dirección del estadio...

_____

8. ...miran ellos en la televisión...

_____

9. ...no corren ustedes hoy...

_____

10. ...tiempo hace hoy...

_____

Autoexamen

I. Vocabulario

A. ¡Adivina!   Select the word or phrase that best answers the question or completes the sentence.

_____ 1. ¿Qué hace tu padre?
　　　　　a. Es ingeniero.   b. Es un pasaporte.   c. Es estadounidense.

_____ 2. Por la noche, siempre... un libro de John Grisham.
　　　　　a. miro   b. corro   c. leo

_____ 3. Después de las clases, mis amigos y yo hacemos... como el fútbol y el voleibol antes de estudiar.
　　　　　a. pesas   b. deportes   c. cartas

_____ 4. ¿_____ quiere tu amiga estudiar en México?
　　　　　a. Cuántos   b. Cuál   c. Por qué

_____ 5. Mis padres ya no son jóvenes; son...
　　　　　a. mayores   b. fuertes   c. diligentes

B. ¿Cuál es diferente?   For each of the following groups, select the item which does *not* belong to the group, and then write in English how it is different from each.

1. lucha libre   　béisbol   　tenis   　fútbol

_____

_____

2. bailar   　caminar   　leer   　beber

_____

_____

3. actor   　cantante   　pintor   　gerente

_____

_____

4. deporte favorito   　apellidos   　dirección   　nacionalidad

_____

_____

5. limpiar   　administrar   　atender   　informar

_____

_____

6. patinaje sobre hielo   　fútbol americano   　esquí   　levantar pesas

_____

_____

II. Estructuras

C. ¿Cómo debe ser?   Give the correct form of the word or phrase in parentheses.

1. La chica allí es mi amiga nueva Estefanía. Ella es _____. (boliviano)

2. Los abogados _____ a los criminales. (representar)

3. ¿_____ dólares tiene Ud.? (Cuánto)

4. La profesora nueva se _____ la Dra. Andrade. (llamar)

5. _____ apellidos son Fernández y Garmendia. (El / La / Los / Las)

6. Yo _____ de Chile y mis amigos _____ de Los Ángeles.
   (ser)

7. Para mí, las novelas españolas son muy _____. (interesante)

8. Esta mujer es _____ y esos hombres son _____.
   (arquitecto/periodista)

9. Para esta clase, nosotros _____ muchos libros y artículos y

   _____ muchas composiciones. (leer/escribir)

10. ¿_____ ustedes en la universidad? (Trabajar)

D. Preguntas.   Respond to the following questions in complete Spanish sentences. You may create information to answer the questions as needed.

1. ¿Son Uds. profesores de la universidad?

   _____

2. ¿Dónde estudias con tus amigos?

   _____

3. ¿Qué hace una médica?

   _____

4. ¿Cuál es tu fecha de nacimiento?

   _____

5. ¿Qué haces con los amigos durante las vacaciones?

   _____

III. Cultura

E. Emparejar.   Match the following culture concepts.

_____ 1. Federico García Lorca

_____ 2. tú y Ud.

_____ 3. dominicana

_____ 4. Calle Bolivar, N° 899

_____ 5. 4-3-99

a. informal vs. formal

b. la dirección

c. la fecha

d. nombre y apellidos

e. una mujer de la República Dominicana

IV. Un poco de todo

F. Mi presentación.   If your Spanish professor brought in an elderly Hispanic gentleman and asked you to introduce yourself, what would you say? Provide the following pieces of information in complete sentences in Spanish.

1. State your name.

    _____

2. Tell him where you are from and your nationality.

    _____

    _____

3. Tell him you are a university student.

    _____

4. Tell him two activities that are popular at your school.

    _____

    _____

5. Ask him from where he is.

    _____

Cuaderno de ejercicios

En familia

Tema 1 Ésta es mi familia

Vocabulario: Los miembros de la familia

A. O sea...   Some of your classmates have had some trouble with the vocabulary you are studying! For each of the following family members, provide another descriptive word or phrase in Spanish that clarifies and indicates the same family relationship.

Modelo: La madre, o sea, *la esposa del padre.*

1. Los hermanos, o sea _____.

2. La abuela paterna, o sea _____.

3. El primo, o sea _____.

4. La hermanastra, o sea _____.

5. El suegro, o sea _____.

6. El cuñado, o sea _____.

7. El padre, o sea _____.

8. Las nietas, o sea _____.

9. Los tíos, o sea _____.

10. El prometido, o sea _____.

B. ¿Quiénes son?   How well do you know some of the famous families in the world? For each group of famous people in the left column, find their correct family relationship in the right column.

Modelo: Elizabeth II, Charles
                Son madre e hijo ingleses.

_____ 1. Ashley Judd, Naomi Judd, Wynona Judd

_____ 2. Diego Rivera, Frida Kahlo

_____ 3. El Rey Juan Carlos, La Reina Sofía

_____ 4. Nicolás, Anastasia

_____ 5. Rómulo, Remo

_____ 6. Sandy Alomar Sr., Sandy Alomar Jr., Roberto Alomar

_____ 7. Warren Beatty, Shirley MacLaine

a. Es una familia estadounidense: madre e hijas.

b. Es una familia puertorriqueña: padre e hijos.

c. Son esposos españoles.

d. Son esposos mexicanos.

e. Son hermanas estadounidenses.

f. Son hermanos romanos.

g. Son hermanos estadounidenses.

h. Son padre e hija rusos.

i. Son primos.

Now, can you come up with another two additional famous family relationships to test your instructor and classmates? Write them in Spanish following the model.

Modelo: George Bush, Jeb Bush
Son padre e hijo estadounidenses.

8. _____

9. _____

C. La familia mía.   You would like to ask some of your new Hispanic friends questions about their families in Spanish. Here are parts of the questions you would like to use. Complete them with the appropriate interrogative words from the list below in order to produce a logical question in Spanish. **¡Ojo!** Remember to use the correct form! Then, just in case your friends ask you the *same* questions, answer them according to *your own* family situation.

cómo / cuál(es) / cuándo / cuánto(a/os/as) / de dónde / dónde / por qué / qué, quién(es)

Modelo: ¿_____ estudia tu primo? _____
              ¿Qué estudia tu primo? Mi primo estudia biología.

1. ¿_____ hermanos tienes tú? _____

2. ¿_____ viven tus tíos? _____

3. ¿_____ se llaman tus padres? _____

4. ¿_____ son tus parientes? _____

5. ¿_____ es la profesión de tu pariente favorito? _____

6. ¿_____ primas tienes? _____

7. ¿_____ son los apellidos de tus abuelos? _____

8. ¿_____ trabajan en tu familia? _____

Funciones y estructuras: *Describing physical appearance with adjectives and ser and tener*

D. Una carta de presentación.   Below is a portion of a letter that your instructor received in a batch of pen pal letters. As a prank, the letter writer Teresa left out every occurrence of the verbs **ser** and **tener**.

1. In order to understand the letter, fill in the blanks with the correct form of **ser** or **tener** according to the context. **¡Ojo! Ser** often precedes trait information (adjectives and nouns), while **tener** precedes age and relationship information (nouns).

...Toda mi familia _____ de San Sebastián, España. Hay cinco en mi familia: yo

_____ dos hermanos mayores y una hermana menor. Mi madre ya murió. Mi padre se llama

Antonio Marcel; mis hermanos _____ Javier y José Antonio y mi hermana _____

Amalia. Yo _____ 22 años; Amalia _____ 17 años; mis hermanos son mellizos

idénticos y _____ 25 años y mi padre _____ 53 años —no

_____ tan mayor como los padres de mis amigos. Todos los hijos —mis hermanos y

yo— _____ estudiantes todavía y mi padre _____ ingeniero civil aquí en

San Sebastián. Nosotros _____ muchos parientes que viven cerca de nosotros en el norte

de España —en San Sebastián, Santiago de Compostela y Barcelona. Mis dos abuelas están en nuestra ciudad;

no _____ muy activas porque las dos _____ más de 90 años.

    Yo _____ un prometido, que _____ muy guapo e inteligente —él se

llama Pepe y _____ 22 años también y _____ estudiante de psicología. No

_____ español; _____ de Venezuela, pero estudia aquí porque

_____ un tío rico aquí que le paga la educación...

2. Now, check your understanding of the letter by identifying the following statements as **cierto** or **falso** according to the letter.

    _____ a. Hay seis personas en la familia de Teresa.

    _____ b. Muchos de los parientes de Pepe viven en el norte de España.

    _____ c. Las abuelas de Teresa son mayores.

    _____ d. Antonio Marcel es psicólogo.

E. Sopa de palabras. If you were given the following groups of words, how could you put them together to make accurate descriptions of your immediate and extended family? For each group, put the verbs in the correct forms, make sure the descriptors agree, and add additional words as necessary. If a certain group of words does not apply to your family situation, create a new phrase that does apply.

Modelo: mi prima / ser / y / tener / pelo
Mi prima Susana es delgada y tiene pelo negro.

1. yo / tener / años / y / ser / alto (bajo)

    _____

    _____

2. yo / tener / familia / grande (pequeño)

    _____

    _____

3. mi(s) hermano/a(s) / ser / y / tener / años

    _____

    _____

4. mis parientes / ser / de

    _____

5. mis / abuelos / tener / años / y / ser / (in)activo

    _____

    _____

6. mis tíos / llamarse / y / tener / hijo(s)

    _____

    _____

Funciones y estructuras: *Expressing possession*

F. ¿De quiénes son? Sometimes, you have to emphasize to get your point across! Unfortunately, now is one of those occasions. One of your new Hispanic friends is not getting the point as you talk to him. Fortunately, you have learned two ways to talk about possession in Spanish, and you can use both to get your point across. Use the correct form of the possessive pronouns **(mi, tu, su, nuestro, vuestro)** in the sentences below to make things clear to your friend.

Modelo: Tienes tú muchos parientes; así *tu* familia es muy grande.

1. Tengo dos perros; son _____ perros.

2. Es el libro de la profesora; es _____ libro.

3. Son alumnos de nuestra universidad; son _____ estudiantes.

4. Es el cumpleaños de él y de ella; es _____ cumpleaños.

5. ¿La abuela es de vosotros? ¿Es _____ abuela?

6. ¿Tienes tú ocho coches? ¿Son todos _____ coches?

7. Ellas son las secretarias del gerente; son _____ secretarias.

8. Ella es la jefa del gerente; es _____ jefa.

9. Tengo un esposo y tres hijos; así es _____ familia.

10. La casa de mi familia es muy bonita; me gusta _____ casa.

Síntesis

G. Retratos. Take a look at the following drawings depicting some typical families. If you had to tell who appears in the pictures and what they look like, what information would you be able to give? For each family group, give some accurate descriptions based on what you see.

Modelo: ¿Quiénes son?
Es la familia de la administradora de la facultad de lenguas, Bárbara.

¿Cómo es la familia?
Ella está divorciada. Tiene una hija de 28 años que se llama Heather. Heather tiene esposo que se llama Kevin. Heather y Kevin son padres nuevos: tienen una bebé que se llama Roxanne.

La familia de Bárbara

Atajo

Phrases/Functions: describing people
Vocabulary: family members
Grammar: adjective agreement: verbs: **ser**

1. ¿Quiénes son?

   _____

   _____

   _____

2. ¿Cómo es la familia?

   _____

   _____

   _____

   _____

el gobernador del estado
y su esposa

los Sandrea Toledo

3. ¿Quiénes son?

   _____

   _____

   _____

4. ¿Cómo es la familia?

   _____

   _____

   _____

   _____

5. ¿Quiénes son?

   _____

   _____

   _____

6. ¿Cómo es la familia?

   _____

   _____

   _____

   _____

los Gómez

mi profesor(a) de español

7. ¿Quiénes son?

   _____

   _____

   _____

8. ¿Cómo es la familia?

   _____

   _____

   _____

   _____

Tema 2   La personalidad y los valores

Vocabulario: Los rasgos personales

H. Antónimos.   Help your classmates understand the personality descriptions in the first column by matching them with the opposite description in the second column.

_____ 1. alegre   a. melancólico

_____ 2. cómico   b. perezoso

_____ 3. diligente   c. serio

_____ 4. honrado   d. tonto

_____ 5. inteligente   e. deshonesto

Now show your classmates how to use these descriptive words by using the correct combinations in descriptions of these famous/fictional people.

6. Con frecuencia, el director Tim Burton (el director de «Batman») es _____; no es

_____.

7.   Los Three Stooges son _____; no son _____.

8. Muchos mayores piensan que los jóvenes de la Generación X son _____ y que no

son _____.

9. Para muchos, Roseanne Barr es _____ y nunca _____.

10. Las chicas que son Girl Scouts tienen fama por ser _____; no son

_____.

11. Sherlock Holmes es _____; no es _____.

I.   ¿Características positivas o negativas?   Due to the similarity of many descriptive words in English and Spanish, you should be able to classify the majority of the following words as either basically positive or negative, or as something debatable, even if it is the first time you have seen the word. How well can you do?

adaptable / alerto / agresivo / ambicioso / arrogante / autoritario / conservador / discreto / egoísta / encantador / espontáneo / imaginativo / impaciente / inseguro / irresistible / malicioso / metódico / optimista / perfeccionista / pesimista / popular / reservado / sincero / superficial / violento

Positivas	Negativas	Depende del contexto
_____	_____	_____
_____	_____	_____
_____	_____	_____
_____	_____	_____
_____	_____	_____
_____	_____	_____
_____	_____	_____

Positivas	Negativas	Depende del contexto
_____	_____	_____
_____	_____	_____
_____	_____	_____
_____	_____	_____
_____	_____	_____

J. Los candidatos perfectos.   Silvia Martínez is a member of your university's advisory board, and you are one of the student members. She is the Human Resources director for a large international corporation in Quito, Ecuador. Over lunch one day, she has asked you to describe the desirable characteristics for certain professions here in the U.S. Give her your honest opinion.

Modelo: Una arquitecta necesita ser *creativa* porque en su trabajo *diseña edificios;* pero no es necesario ser *fuerte* porque no *ayuda a los obreros.*

1. Para los políticos es importante ser _____ porque en su trabajo

    _____; pero no necesitan ser _____ porque

    no _____.

2. Un policía necesita ser _____ porque en su trabajo

    _____; pero normalmente no son _____

    porque no _____.

3. Los médicos deben ser _____ porque en su trabajo

    _____; pero no es necesario ser _____ porque

    no _____.

4. Normalmente los abogados son _____ porque en su trabajo

    _____; pero no deben ser _____ porque

    no _____.

5. Una maestra necesita ser _____ porque en su trabajo

    _____; pero es importante no ser _____

    porque no _____.

6. Para un profesor universitario es importante ser _____ porque en su trabajo

    _____; pero no necesitan ser _____ porque

    no _____.

7. El presidente de los EE.UU. debe ser _____ porque en su trabajo

    _____; pero normalmente no es _____

    porque no _____.

8. Generalmente los artistas son _____ porque en su trabajo

    _____; pero es importante no ser _____

    porque no _____.

9. Un buen administrador es _____ porque en su trabajo

_____; pero no necesita ser _____ porque

no _____.

10. Para una programadora es importante ser _____ porque en su trabajo

_____; pero no debe ser _____ porque

no _____.

K. ¡Ahora, te toca a ti! Now, Sra. Martínez asks you about yourself. For what profession are you the perfect candidate? Fill in the appropriate information missing below.

Me llamo _____. En cuanto a mi personalidad soy _____

y _____ pero no soy _____. Por eso, quiero ser

_____ o _____.

En esos trabajos, necesito ser _____ y _____ porque ellos

_____, pero no es importante ser _____ porque

_____.

L. Crucigrama—los valores. Identify the following important values found in Hispanic cultures.

Horizontales

2. Significa «empleo».
5. Es cuando dos personas se sostienen emocionalmente, la una a la otra.

6. Es aprender más y más o en la escuela o por la experiencia.
8. Es cuando se honra a una persona mayor.
9. Es el grupo de tradiciones que tienen que ver con la vida espiritual.

Verticales

1. Significa «trabajar con otra persona para completar un proyecto».
3. Es cuando tienes emociones fuertes de cariño hacia otra persona.
4. Hablar, escribir, escuchar y comprender.
7. Cuando una persona vive una vida contenta y feliz, la persona tiene _____.

Funciones y estructuras: *Talking about location, condition, and emotional states with the verb estar*

M. ¿Cómo están? Your instructor has asked your class to provide captions for some drawings to appear in a Spanish-language children's magazine. Help your classmates complete the captions by using appropriate combinations of the following descriptive words in Spanish.

estar / tener

calor / cansado / deprimido / enfermo / enojado / feliz / frío / hambre / listo / loco / nervioso / sed / sueño / triste

¡Ojo! Descriptions with **estar** agree in gender/number with the person described; those with **tener** do not.

Modelo: Al mirar la película de horror, Josefina *está aburrida* pero Javier *tiene miedo*.

1. Hoy, la Sra. Delgado _____

_____ pero

la Sra. Jenkins _____.

2. Los Ramos nunca están de acuerdo. Por ejemplo,

hoy doña Matilde _____

_____ mientras que don Carlos

_____.

3. Hay examen en la clase de español hoy. Así, Luisa

   _____ y

   Gregorio _____.

   Como siempre, Ana María e Isabel

   _____.

4. Miguelito y su hermano Paco

   _____

   hoy y su mamá

   _____.

5. Después de jugar y estudiar toda la mañana, los niños _____ y

   _____. Por la noche, ellos _____

   y se duermen inmediatamente.

6. Después de la carrera, Evita y Manolo _____ pero también

   _____ por ganar.

N. ¿Qué se hace?   Often our physical/emotional state plays an important part in the activities in which we participate. Complete the following phrases logically according to your experience.

Modelo: Cuando estoy deprimido(a), *miro programas cómicos en la tele.*

1. Cuando estoy feliz, yo _____.

2. Si los estudiantes están nerviosos antes de un examen, ellos _____.

3. Cuando mis padres están enojados, _____.

4. Si estoy triste, yo _____.

5. Cuando estamos enfermos, los alumnos _____.

Funciones y estructuras: *Talking about likes and dislikes with the verb gustar*

O. Eres tú redactor(a).

1. Another Spanish student has asked your help in creating a series of questions for interviewing a group of students from Bolivia. Help this student create good questions by filling in the blanks in the questions.

Modelo: Berto y Elena: *¿A Uds. les gusta estudiar aquí?*

¡OJO! Remember the structure of **gustar** phrases: pronoun + form of **gustar** + noun or action

a. ¿A los bolivianos _____ gusta jugar fútbol?

b. ¿_____ _____ ir a fiestas, Elena?

c. ¿_____ los amigos de Berto _____ gusta más mirar películas o comer en buenos restaurantes?

d. ¿A Uds. les _____ las universidades norteamericanas?

e. Elena: _____ _____ la política, ¿no?

f. Berto: ¿Qué tipo de libros _____ _____?

2. Now, provide a positive or negative reply to each of the above questions as Berto and Elena might reply.

Modelo: *¡Claro que no! No nos gusta estudiar todos los días.*

a. _____

b. _____

c. _____

d. _____

e. _____

f. _____

Síntesis

P. Mi familia, hoy en día. You probably know your family members very well and know how they react in certain circumstances and situations. If one of your Hispanic friends asked how they feel at certain times, how would you respond to him/her? Pick three of the situations below that pertain to you and your family, and then tell in Spanish what that family member does at that time and how he/she is feeling.

Modelo: tu tía favorita, los jueves por la noche
Mi tía favorita, Dolores, canta en el coro de la iglesia los jueves por la noche. Está muy contenta porque quiere practicar su música.

1. tu hermano(a) mayor, los lunes por la mañana

_____

_____

2. tus padres, los viernes por la tarde

_____

_____

3. tus primos o sobrinos jóvenes, en agosto

_____

_____

4. tu madre, cuando te visita en la universidad

_____

_____

5. tus abuelos (abuelas), en diciembre

_____

_____

6. tu _____, cuando hace mucho ejercicio

_____

_____

7. tu padre, cuando consulta con el médico (la médica)

_____

_____

Q. Somos similares y diferentes a la vez. You probably share a lot with some of your relatives in terms of physical and emotional characteristics, likes/dislikes, etc.; with others, it's hard to say how you are related! Compare and contrast yourself with one of your "middle-of-the-road" relatives, someone with whom you share some characteristics, but differ in other respects. Use the following partial phrases to guide you in writing five to six sentences about you and this relative. Don't feel that you have to use all the phrases, and don't hesitate to add additional information. But do include the following areas: physical descriptions; personality traits; professions; likes/dislikes; activities.

Frases útiles: Soy... pero... / Los dos somos... / Me gusta(n)... en cambio a... le gusta(n) / Nos gusta(n)... / A veces él/ella... pero yo nunca...

Atajo

Phrases/Functions: describing people; talking about the present
Vocabulary: family members; personality; professions; university
Grammar: adjective agreement; verbs: **ser, tener;** present tense

_____

_____

_____

_____

_____

_____

_____

_____

Tema 3   Nuestro hogar

Vocabulario: Los espacios de una casa

R. Definiciones.   A Hispanic friend is quizzing you on your vocabulary! Respond to each definition with the appropriate item name in Spanish.

1.   En este cuarto se prepara la comida. _____

2.   Es dónde se aparca el automóvil. _____

3.   Es el cuarto en que se duerme por la noche. _____

4.   Es la cosa que se usa para ir del primer piso de una casa al segundo piso. En los edificios muy altos, es más

     común usar el ascensor. _____

5.   Es lo que produce un pintor. _____

6.   Es un aparato que se usa frecuentemente en la preparación de comida, en las casas, restaurantes, oficinas y las

     residencias estudiantiles. Le calienta rápidamente a la comida. _____

7.   Ponemos los libros aquí para organizarlos bien. _____

8.   Por la noche, es necesario usar esta cosa para leer, estudiar o escribir. Muchas veces se colocan en las mesas,

     paredes o techos. _____

9.   Son los muebles más comunes que se encuentran en el comedor. _____

10. Usamos esto para ver el jardín desde la parte interior de la casa. _____

■ Un paso más: Los muebles

S. La mudanza.   The grand-mother of one of your good Hispanic friends has just moved into a new home. You have gone with your friend to help move her in and you find out that she doesn't speak any English. This will be good practice for you! She has made a list of what items go together; you need to make sure you put them in the correct room. Write the question you would need to ask her.

○	**Modelo:** el televisor pequeño, la ropa ¿Los pongo en el armario?
	1. sillón, sofá, lámpara, cuadro de Picasso: _____
	2. escritorio, lámpara pequeña, espejo, cama doble: _____
	3. mesa grande y ocho sillas: _____
	4. refrigerador, estufa, horno microóndas: _____
○	5. bicicletas, raquetas de tenis: _____

Funciones y estructuras: *Describing contents (the use of the invariable form hay)*

T. En la casa familiar. Explain to a visiting Hispanic student what one might expect to find in your family's house in general, and in the various rooms in particular. Complete the following sentences logically from your personal experience. When given options, underline the word that best fits your situation.

Modelo: En el baño mío, hay *una bañera (o bañadera)* y *una ducha.*

En nuestra casa hay _____ cuartos en total. La casa es de un piso / dos pisos / tres pisos.

En la cocina hay _____ pero no hay _____. En la sala hay

_____ pero no hay _____. Tenemos _____

baños. En mi habitación hay _____ pero no hay _____. En la

habitación de mis padres / mi padre / mi madre hay _____ pero no hay

_____. Por toda la casa hay _____. Me gusta / No me gusta

nuestra casa porque _____.

■ Un paso más: *Talking about location with prepositions of place*

U. Un cuarto desordenado. The parents of Marisol are exasperated! Whatever they do, they can't get her to clean up her room at home. They are desperate and they have asked you to intervene. Calmly tell her what the problems are, then suggest a better location for the out-of-place items.

1. «Marisol, la silla no debe estar _____.

   ¿Por qué no la pones _____?»

2. «En mi opinión, no es buena idea tener los libros

   _____. ¿Por qué no los

   pones _____?»

3. «Increíble. ¿Por qué está el televisor

   _____? Será

   mejor _____, ¿no?»

4. «Amiga mía, la bicicleta no debe estar

   _____. ¿Por qué no la pones

   _____?»

5. «No comprendo cómo es posible dormir con los platos

   sucios _____. ¿Por qué no las pones _____?»

6. «Finalmente, Marisol, no es buena idea tener la ropa sucia _____. Debes ponerla

   _____.»

Vocabulario: Los quehaceres del hogar

V. ¿Quién en tu casa? Tell who does or does not do the household chores where you live (or in your family's home) and relate that person's feelings about the chore. Write two sentences for each chore. In the first, tell who does/doesn't do the chore; in the second, tell why that person does/doesn't like doing it.

Modelo: lavar la ropa

En mi casa, lavo la ropa. No me gusta porque es muy aburrido.

1. arreglar la casa

   _____

   _____

2. aspirar

   _____

   _____

3. cocinar

   _____

   _____

4. cortar el césped

   _____

   _____

5. lavar los platos

   _____

   _____

6. sacar la basura

   _____

   _____

W. Las obligaciones. As a student, you know about the importance of deadlines and schedules. What do the following people need to do so that they don't get behind? Complete each sentence with the correct form of **tener** + **que** + *infinitive* phrase.

Modelo: El rector de la universidad *tiene que hablar con el gobernador del estado.*

1. Antes del viernes yo _____.

2. Mis padres _____.

3. El profesor (La profesora) de español _____.

4. En mi casa, todos _____.

5. Esta semana mi amigo(a) _____.

6. Este año nosotros _____.

7. Mis amigos no _____

   pero sí _____.

8. En la oficina, los abogados _____

   pero no _____.

Síntesis

X. Los anuncios. As you thumb through your local Spanish-language newspaper, you find the following ads. Follow the instructions on page 41, and use your knowledge of Spanish plus the context to answer the questions.

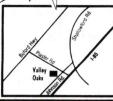

Nombre _____   Fecha _____

Antes de leer

1. Rapidly scan through the ads. For each ad, list the Spanish word that is being used for "bedroom."

    a. Colony of Stone Mountain _____

    b. Tara Woods Apartments _____

    c. Valley Oaks Apartments _____

    d. Crescent Square Apartments _____

    e. Arkwright Apartments _____

2. Which ad does *not* specify that their staff speaks Spanish? _____

A leer

3. Study the questions below and use them to guide you in reading the ads in more detail. Remember, you do not need to understand every word!

    a. Which ads advertise, directly or indirectly, that most utilities are included?

    _____

    _____

    b. You already know the word **piso** to signify "floor" or "level." In the ad for Tara Woods you'll find another

    word expressing the same meaning. What is it? _____

    c. Which two ads seem to be targeted towards families with children? Justify your answer with one sentence in English.

    _____

    _____

    d. Which two ads are offering special rental rates during the first month of the contract?

    _____

    _____

    e. In the ad for Crescent Square, you see the sentence **«Rentamos apartamentos recientemente renovados.»** The verb **renovar** is a cognate (similar in form and meaning). What is this set of apartments advertising?

    _____

    f. What other set of apartments makes a similar announcement? _____

Después de leer

4. Now that you have looked at all the ads a few times, make educated guesses about some of the new vocabulary you have seen here. Circle the best meaning for each of the words/phrases below. Make sure you plug the word you choose back into the context; if it doesn't fit, change it!

a. lavadora y secadora (Colony)	double garage	washer and dryer	upstairs/downstairs
b. lavandería (Colony, Valley Oaks)	laundry room	living room	parking deck
c. lavaplatos (Valley Oaks)	china hutch	dishwasher	shower
d. mensual (Valley Oaks, Arkwright)	deposit	monthly	yearly
e. tamaño (Colony)	diving	hot tub	size
f. ventiladores (Valley Oaks)	attic stairs	fans	track lighting

Autoexamen

I. Vocabulario

A. ¡Adivina! Select the word or phrase that best answers the question or completes the sentence.

_____ 1. No es común tener... en el comedor.
a. mesa   b. sillas   c. cama

_____ 2. A la persona diligente le importa mucho...
a. el trabajo   b. la religión   c. el amor

_____ 3. La madre de mi madre es mi...
a. hermana   b. tía   c. abuela

_____ 4. ¿Cuántos... tiene la sobrina de Alfredo? ¿22 o 23?
a. años   b. gordos   c. sótanos

_____ 5. Se lavan los platos en...
a. el jardín   b. la cocina   c. la recámara

B. ¿Cuál es diferente? For each of the following groups, select the item that does *not* belong to the group, and then write in English how that word differs.

1. honrado   diligente   melancólico   simpático

_____

_____

2. techo   comedor   cocina   baño

_____

_____

3. arreglar la casa   lavar los platos   aspirar   cortar el césped

_____

_____

4. abuela   madre   prima   cuñada

_____

_____

5. alto   delgado   inteligente   guapo

_____

_____

6. mi   te   les   los

_____

_____

II. Estructuras

C. ¿Cómo debe ser? Select the correct word or phrase from the options in parentheses.

1. Después de estudiar todo el día, _____ cansados. (estamos, tenemos)

2. _____ les gusta trabajar en el jardín. (A mis padres, Mis padres)

3. No _____ escritorio en la sala de clase. (hay, es)

4. _____ tías visitan los parques nacionales cada agosto. (Nuestra, Nuestras)

5. Mi hermanita tiene_____ lavar los platos todos los días. (como, que)

6. Me _____ ver las películas los viernes por la noche. (gusta, gustan)

7. Ése es el hermano _____ señor Bautista. (de el, del)

8. Normalmente las lámparas están _____ las mesitas. (debajo de, sobre)

D. Preguntas.   Match the question on the left with its most appropriate response on the right.

_____ 1. ¿Qué hay en una cocina?

_____ 2. ¿De quién son estos muebles?

_____ 3. En general, ¿cómo es la abuela de Diana?

_____ 4. ¿Cuándo tienes mucho calor?

_____ 5. ¿Qué es una «prima»?

_____ 6. Si los padres te visitan en la residencia, ¿qué necesitas hacer?

_____ 7. ¿Cómo están tus amigos hoy?

_____ 8. ¿Qué hacen tus compañeros los sábados por la noche?

_____ 9. ¿De cuántos pisos es esa casa?

_____ 10. ¿Dónde están los libros de clase?

a. Después de trabajar en el jardín todo el día.

b. En diciembre.

c. Es de cuatro, incluso el ático y sótano.

d. Es la hija de un tío o una tía.

e. Es mayor y conservadora pero muy sincera y simpática.

f. Ésta es mi silla, pero el sofá es de mis padres.

g. Están debajo del escritorio.

h. Están nerviosos porque hay examen mañana.

i. Hay camas y armarios.

j. Les gusta ver televisión en la sala.

k. Normalmente hay una estufa, un fregadero y un refrigerador.

l. Porque son los hermanos de sus padres.

m. Tengo que arreglar el cuarto.

III. Cultura

E. ¿Recuerda Ud.?   Answer the following questions in Spanish.

1. Why might someone be referred to as **Doña Berta**?

_____

2. What is the name of the author of *Como agua para chocolate* and what is her nationality?

_____

3. If you wanted to compliment a Hispanic family on their beautiful home, what might you say?

_____

IV. Un poco de todo

F. Diferencias.   How different are you from your mother or father (or another close family member)? For each of the categories below, describe your differences in terms of physical description, activities, and likes/dislikes, using the verbs given.

1. la física—ser

    _____

2. la personalidad—ser

    _____

3. los quehaceres que cumplen—tener que

    _____

4. los pasatiempos—gustar

    _____

Cuaderno de ejercicios

CAPÍTULO 3

¿Dónde y cuándo?

Tema 1 Orientándonos en la ciudad

*Entrada 1 @ $5,00
Exhibición de
Escultura Pre-colombina*

a

Vocabulario: Lugares de interés

A. Papelitos. To what type of place/establishment could you associate the following pieces of paper? Match the place to the related item.

*¡Los viernes!
Todas las mujeres ¡Gratis!
(Mayores de 18 años)
Música Salsa
con
Diego Santander*

b

¡Gratis!
Un (1) refresco con cada cena
(No válido para bebidas)
El Palacio del Rey

c

**FAVOR
DE NO
MOLESTAR**

ATL

483726193847

e

Parroquia San José

Horario de misas

Diarios: 9.00, 12.00, 17.30

Los domingos: 8.00, 9.30, 11.00, 12.30

El Padre Rafael Castanza

g

1. pantalón $2

2. blusa $4

h

Sala 2
15.00
GUERRA ESPACIAL
$6,00

f

Modelo: b
bar

_____ 1. aeropuerto

_____ 2. cine

_____ 3. hotel

_____ 4. iglesia

_____ 5. lavandería

_____ 6. museo

_____ 7. restaurante

d

B. **¿Dónde se ve...?** Write a sentence telling where the following people or groups might be found.

Modelo: un grupo de artistas
Puedo ver a un grupo de artistas en un cine internacional o en un museo.

1. muchos abogados y sus clientes

   _____

2. los estudiantes que necesitan comprar libros

   _____

3. una cantante y su conjunto de música rock

   _____

4. un profesor que necesita investigar la historia

   _____

5. las familias con niños pequeños los fines de semana

   _____

6. los turistas que necesitan comprar recuerdos

   _____

7. unas atletas que quieren jugar baloncesto

   _____

8. un cocinero profesional

   _____

9. mucha gente los domingos

   _____

10. los abuelos que visitan por dos semanas

   _____

Funciones y estructuras: *Talking about location and destination with the verbs ser and estar*

C. El mapa de Puerto Rico. Answer the following questions based on the following map of Puerto Rico, describing where the places are in relation to the other important areas.

TEMAS WORKBOOK/LABORATORY MANUAL

Modelo: ¿Dónde está Adjuntas? (Ponce)
              Adjuntas está al norte de Ponce.

1. ¿Dónde está Arecibo? (Utuado)

    _____

2. ¿Dónde está Juncos? (San Juan y Humacao)

    _____

3. ¿Dónde está Mayagüez? (Aguadilla)

    _____

4. ¿Dónde está la Isla de Culebra? (Fajardo)

    _____

5. ¿Dónde está el Mar Caribe? (Santa Isabel)

    _____

D. Lugares favoritos.   For five of the following places tell who typically goes there (including yourself!) and why, indicating interests/personalities/likes/professions as needed. Where you see a question mark, you need to supply information. You need to use each of the following verbs at least once in your sentences: **gustar / ser / tener interés en. ¡OJO!** Remember what information follows each of the above verbs: **gustar:** objects/events/activities; **ser:** professions/personality/nationality/origin; **tener interés en:** activities

Modelo: oficina de turismo ?
              Mi amigo va a las oficinas de turismo porque tiene interés en conocer bien otros países.

1. el cine ?

    _____

    _____

2. la iglesia ?

    _____

    _____

3. la tienda de ?

    _____

    _____

4. la oficina de correos

    _____

    _____

5. los museos de ?

    _____

    _____

6. el gimnasio

    _____

    _____

7. la biblioteca

_____

_____

E. O estoy o voy... For each of the following time frames, complete the sentence by telling where you normally go (with the verb **ir**), or where you normally are (with the verb **estar**), and then explain the reason for your being/going there.

Modelo: Los lunes a las ocho de la mañana *estoy en la cafetería antes de mi primera clase para desayunar.*

1. Los miércoles a las nueve de la noche

_____

2. El primer día de vacaciones en diciembre

_____

3. Los domingos a las diez de la mañana

_____

4. Los últimos días de agosto

_____

5. En mi cumpleaños

_____

6. Los viernes a las cuatro de la tarde

_____

7. El cuatro de julio

_____

8. En este momento

_____

9. De junio hasta septiembre

_____

10. Los jueves a la una de la tarde

_____

Vocabulario: Puntos de referencia

F. Asociaciones. Match the words in the first column with those in the second column.

_____ 1. calle   a. andar en bicicleta, jugar fútbol

_____ 2. cuadra   b. automóviles, buses

_____ 3. edificio   c. automóviles, no encontrar espacios

_____ 4. esquina   d. cantar, escuchar

_____ 5. estacionamiento   e. cruzar la calle, semáforo

_____ 6. iglesia

_____ 7. parque

_____ 8. playa

_____ 9. plaza

_____ 10. semáforo

f. oficinas, apartamentos

g. rojo, verde

h. tomar el sol, ir de vacaciones

i. un grupo de casas, unas tiendas

j. vendedores, conciertos de músicos pobres

■ Un paso más: *Indicating location with prepositions of location*

G. Localidad, localidad, localidad. Create sentences that give a clear indication of the exact location of the following things/places. Use physical location (**al lado de, dentro de,** etc.), distance (**muy cerca de, lejos de,** etc.), and direction (**al norte de, al sur de,** etc.).

Modelo: Nueva York / la estatua de Libertad / el edificio Empire State
En Nueva York, la estatua de Libertad está cerca del edificio Empire State.

1. mi casa / mi dormitorio / el baño / la cocina

_____

2. Mar Caribe / Cuba / Puerto Rico / la República Dominicana

_____

3. mi universidad / el estacionamiento / los edificios de clase

_____

4. mi dormitorio / los libros / estante / cama

_____

5. la casa de mis abuelos / el garaje / la calle

_____

6. el salón de español / los estudiantes / el profesor

_____

7. nuestra ciudad / la universidad / el aeropuerto / los hoteles

_____

Vocabulario: Los medios de transporte

H. Identificación. Complete each of the following sentences with the appropriate mode of transportation from the list. **¡OJO!** One of them is *not* used.

autobuses / avión / el metro / el tren / a pie / la bicicleta / los automóviles / las motos / taxis

1. En los Estados Unidos, _____ es el medio más popular de los jóvenes de 8–14 años.

2. A veces los conductores de coches no prestan atención a la gente que va en _____.

3. _____ es buen medio para viajar de larga distancia y ver la geografía y el paisaje.

4. Muchos de los estudiantes universitarios van de clase a clase _____.

5. En las ciudades grandes con mucha congestión de tráfico, mucha gente usa _____ en vez de sus coches particulares.

6. _____ es un tipo de tren en las ciudades que a veces lleva la gente o sobre o bajo la tierra.

7. Si es necesario viajar 3.000 millas en un sólo día, se recomienda viajar por _____.

8. En los Estados Unidos, muchos estudiantes de las escuelas primarias y secundarias llegan a la escuela por medio de _____ amarillos.

I. Un proyecto estudiantil. A civil engineering student from Puerto Rico is doing a survey to find out what transportation people in your area use. Answer to the best of your ability.

Carolina Barcenas C.
CE 376

Nombre completo: _____

¿Dónde vives? Residencia estudiantil   Casa   Apartamento

¿Cómo vas a la universidad? _____

¿Dónde vive tu familia? (Ciudad, Estado, País) _____

¿Cómo vas a casa para visitarla? _____

¿Qué tipo de transporte ofrece tu universidad? _____

¿Cuál es la forma más popular para la mayoría de los estudiantes? _____

Cuando vas de vacaciones con la familia, ¿qué medio(s) de transporte usan Uds.

    para ir no más de 100 millas? _____

    para ir entre 100 y 500 millas? _____

    para ir entre 500 y 1000 millas? _____

    para ir más de 1000 millas? _____

Para llegar al aeropuerto de tu ciudad, ¿qué tipo de transporte utilizas? _____

¿Hay taxis en tu ciudad?   Sí   No

¿Usas tú el taxi?   Sí   No   ¿Cuándo? _____

¿Quiénes en tu ciudad utilizan el taxi? _____

¡GRACIAS POR LA AYUDA!

■ Un paso más: Las indicaciones

J. Diálogo. Complete the following dialogue with the appropriate words from the list so that the tourist can get to his destination.

calle / cerca / cruce / cuadras / doble / dónde / edificios / están / hotel / siga derecho (2) / suba / supermercado / tiendas

El turista: Disculpe, señorita. ¿Sabe Ud. _____ _____ las

                  tiendas El Artesano y David y Sons?

La señorita: Sí, señor. Estas tiendas y otros lugares de interés están _____ de la

iglesia San Marcos de los Marineros. Mire. _____ unos 4 o 5

_____ hasta la _____ Buenaventura. Luego

_____ a la izquierda y _____ dos cuadras más.

Ud. va a ver unos _____ modernos. _____ la

plaza hasta el _____ Hyatt y _____ al segundo piso. Allí están las tiendas

que busca; además hay de todo: un _____, muchas

_____ y aún un cajero automático.

El turista: Mil gracias, señorita.

La señorita: De nada. Buenas tardes.

K. Costumbres. Answer the questions below about you and your friends' modes of transportation and how they are dictated by your current living situation and geographic location.

1. Cuando vas al parque con un(a) amigo(a), ¿cómo van?

_____

_____

2. ¿Tienes coche ahora? ¿Por qué sí o no?

_____

_____

3. Si un(a) estudiante de la universidad no tiene coche, ¿cómo sale para divertirse?

_____

_____

4. Cuando viajas en las ciudades grandes, ¿prefieres usar taxi, metro o autobús?

_____

_____

5. ¿Cuál familiar o amigo(a) viaja mucho por avión? ¿Por qué?

_____

_____

Síntesis

L. Consejos, por favor. A Hispanic friend is new to your city and the U.S. Help him and his friends get to where they want to go by telling them which mode of transportation to use and why. You may use each of the following types of transportation only once, so make your advice logical.

Modelo: No tengo coche, pero quiero ir a los museos de la ciudad.
Debes ir en taxi. Hay muchos en la ciudad y no cuestan mucho dinero.

a pie / en autobús / en automóvil / en barco / en bicicleta / en taxi / en tren / por avión

1. Quiero ir de Miami a Belice, pero no tengo prisa.

   _____

2. Necesitamos ir de San Juan a Madrid antes de mañana.

   _____

3. Tenemos que ir al aeropuerto, pero hay mucho tráfico a esta hora.

   _____

4. Después de comer en el restaurante, vamos al cine. ¡Qué noche linda!

   _____

5. ¿Hay buena manera de ver todo el parque?

   _____

6. Queremos ir al centro, pero no queremos caminar.

   _____

7. Me gusta ir de compras, pero no hay transporte público cerca de las tiendas.

   _____

Tema 2   De compras

Funciones y estructuras: *Telling time with prepositions of time*

M. ¿Es probable?   Read the following statements, and decide whether they are probable or improbable. Restate improbable statements with a different time or action that is more likely.

Modelo: Los profesores llegan a la universidad para comenzar el día a las cuatro de la mañana.
   Improbable. Llegan a las ocho de la mañana.
   O
   Terminan de leer composiciones a las cuatro de la mañana.

1. La clase de español es a las once de la noche.

   _____

2. El avión sale a las cinco de la mañana.

   _____

3. Los bancos están abiertos a las diez de la mañana.

   _____

4. En las discotecas, la gente baila a la una de la mañana.

   _____

5. La biblioteca de la universidad está cerrada a las ocho de la tarde.

   _____

6. La cafetería sirve comida sólo desde las once y veinticinco hasta las once y media de la mañana.

_____

7. Duermo desde las nueve de la noche el lunes hasta las seis de la mañana el viernes.

_____

Funciones y estructuras: *Talking about daily activities with the present tense of irregular yo form verbs*

N. Contrastes. Show how the following people differ in their habits by completing each statement with the appropriate verb from the list below.

Modelo: Después de comprar algo, mi madre *pone* su dinero en la bolsa; sin embargo, yo *pongo* el dinero en el bolsillo *(pocket)*.

conocer / dar / hacer / poner / saber / salir / traer

1. (Yo) _____ ejercicio los martes y jueves antes de clase, pero mi amiga Silvia lo

   _____ cada mañana.

2. Mis amigos siempre _____ los libros a clase, pero casi nunca los

   _____ yo.

3. —¿_____ tú el teléfono del profesor de química?

   —No lo _____. Debes preguntarle a la secretaria en la oficina principal.

4. A mis amigos y yo nos gusta _____ al cine los viernes. A veces, también

   _____ para cenar. Pero este viernes yo no _____ con ellos

   porque tengo que estudiar para un examen importante el lunes.

5. —Hoy, yo _____ una fiesta para el cumpleaños de mi mejor amiga. En España, ¿les

   _____ vosotros fiestas a los amigos en los cumpleaños?

   —¡Claro que sí! Y también les _____ fiestas para el día del santo.

   —¡Qué excelente! ¡A mi amiga le gustaría tener tal tradición aquí!

O. Preguntas. Complete the following questions with the correct form of the verb **hacer.** Then, answer the question to the best of your ability.

Modelo: ¿Quién en la clase de español *hace* muchas preguntas?
Juan, mi amigo, hace muchas preguntas.

1. ¿Qué te gusta _____ antes de estudiar?

   _____

2. ¿_____ ejercicio tu padre/madre? ¿Cuándo?

   _____

3. Normalmente, ¿cuándo _____ tú las tareas?

   _____

4. ¿Quién en tu casa _____ la comida? ¿La _____ bien o mal?

_____

5. ¿Qué _____ los estudiantes de tu universidad los sábados y por qué?

_____

P. De vacaciones. Explain to new Hispanic friends what *you in particular* and *people in general* do/don't do while vacationing in the U.S. Complete five of the following sentences.

Modelo: Cuando la gente va a la playa, normalmente *no estudia* pero casi nunca *ve televisión.*

1. Si voy a esquiar en las montañas en enero, con frecuencia _____

   pero jamás _____.

2. Cuando vamos de compras, siempre _____

   y a veces _____.

3. Si la gente viaja en avión, nunca _____

   pero a veces _____.

4. Cuando estoy en casa, siempre _____

   y normalmente _____.

5. Si jugamos en el parque, a menudo _____

   pero rara vez _____.

6. Cuando la gente visita al Mundo de Disney, casi siempre _____

   y con frecuencia _____.

7. Al visitar a la familia, yo de vez en cuando _____

   pero casi nunca _____.

8. Si van al oeste, nunca _____

   pero a veces _____.

Vocabulario: Formas de pago

Q. Aquí es así. Explain the different ways of paying for items or services here in the U.S. to a visiting Hispanic tourist. Complete each sentence logically by choosing the correct phrase and the appropriate forms of payment.

Modelo: Si necesitas comprar una lata de Coca-Cola de una máquina,
no hay opción: es obligatorio usar efectivo.

hay opciones: es posible usar _____ **y** _____
no hay opción: es obligatorio usar _____
cheque / cheque de viajero / efectivo / tarjeta de crédito

1. Si quieres tomar el autobús al centro de la ciudad,

   _____.

2. Cuando necesitas comprar los libros para clases,

   _____.

3. En los restaurantes de comida rápida,

_____.

4. Para comprar algo de una compañía en Internet,

_____.

5. Ahora en los supermercados,

_____.

6. Para hacer reserva en un hotel,

_____.

7. Si quieres dejar depósito para comprar una casa,

_____.

8. Cuando necesitas pagar los impuestos federales al IRS,

_____.

Síntesis

R. Un día de compras. Do you really like to shop, can you take it or leave it, or is it something you hate to do? Write four to five sentences in Spanish describing a typical day of shopping, and how you feel about it. Include the following information:

- when you go/return/visit certain places   **a la(s)...**
- what places you visit and what you do there   **ir a, estar en,** etc.
- who goes with you
- your feelings about the experience   **(no) me gusta... porque...**

_____

_____

_____

_____

_____

_____

_____

_____

_____

Tema 3 En el hotel

Vocabulario: Comodidades y servicios

S. Definiciones. For each of the following definitions, write the letter of the corresponding word/phrase in the numbered column. **¡OJO!** Not all of the words/phrases will be used!

a. aire acondicionado
b. balcón
c. baño privado
d. campo de golf
e. doble
f. estacionamiento

g. minibar
h. piscina
i. restaurante
j. sencilla
k. servicio a la habitación
l. teléfono

_____ 1. Cuando Ud. va de vacaciones con un(a) buen(a) amigo(a) necesitan reservar este tipo de habitación.

_____ 2. Es casi la norma tener esto en los hoteles de los EE.UU., pero en muchas residencias estudiantiles no es una comodidad.

_____ 3. Es lo que se usa en los veranos para bajar la temperatura en la habitación.

_____ 4. Es un aparato electrónico que es común en las habitaciones de los hoteles de clase alta; normalmente contiene bebidas alcohólicos, cerveza y aún dulces y comida.

_____ 5. Muchos hoteles de clase alta tienen varios de estos lugares donde se va la gente para comer.

_____ 6. Muchos hoteles ofrecen esto para los que quieren comer sin salir.

_____ 7. Si a Ud. le gusta nadar, pero no le gusta caminar hasta la playa, debe buscar hotel con esta cosa.

_____ 8. Si Ud. maneja su carro en las vacaciones, es importante tener esto en el hotel, pero muchas veces es necesario pagarlo también.

_____ 9. Ud. puede ir a esta parte de una habitación para tener vista al mar.

_____ 10. Usamos esto para llamar a la familia para decirle que todo está bien.

T. El hotel perfecto. What would your ideal hotel offer as amenities and services? Complete the following descriptions with appropriate words and/or phrases.

Modelo: En las vacaciones *juego mucho golf,* así el hotel perfecto *ofrece dos campos de golf diferentes.*

1. En cuanto a la habitación, siempre hay _____.

2. El hotel necesita estar cerca de _____.

3. Me gusta _____, así el hotel

   perfecto _____.

4. Para divertirnos por la noche, mis amigos y yo vamos _____

   del hotel para _____.

5. No me gusta _____, por eso no es

   importante tener _____.

■ Un paso más: Las reservas

U. Las reservas. If you were in the following situations in a Spanish-speaking country, what would you expect an appropriate question or response in Spanish to be?

Modelo: A reservation clerk confirms your reservation.
Queda hecha su reserva.

1. When making a hotel reservation, you need to request a double room.

   _____

2. The reservation clerk wants to know the name of the guest.

_____

3. A hotel clerk answers the phone.

_____

4. You need to know if they will take traveler's checks.

_____

5. In a shop or hotel, an employee wants to know if you need any help.

_____

Funciones y estructuras: *Talking about daily activities with e → ie stem-changing verbs*

V. Horarios diferentes. Josefina and Arturo are owners of a souvenir shop in Ponce that is not doing well. Provide the correct form of the verbs in parentheses in the following portion of their letter.

Vamos a _____ (cerrar) nuestra tienda de recuerdos turísticos. Nosotros

_____ (trabajar) mucho, pero siempre _____ (perder) una cantidad

de dinero. Mi pobrecita Josefina _____ (hacer) mucho: ella _____

(empezar) cada día temprano por la mañana, a las siete. _____ (pensar) que los turistas

_____ (querer) ir de compras temprano también, pero nunca resulta así. Ya sabemos que

ellos _____ (preferir) dormir por la mañana e ir de compras por la tarde y la noche. El

problema es que ya Josefina y yo _____ (ser) viejos y _____

(preferir) trabajar por la mañana; de esta manera ella sale por la tarde para preparar la cena y yo

_____ (cerrar) la tienda como a las seis.

Por todo esto yo _____ _____ (pensar cerrar) la tienda y

buscar otro tipo de empleo. ¿Qué _____ (pensar) Uds.? ¿Debemos

_____ (empezar) un negocio nuevo, como un restaurante?

W. ¿Qué es la rutina? Respond to your new Hispanic friend's questions in complete sentences.

Modelo: ¿Cierras la puerta cuando estudias en la habitación?
No, no cierro la puerta porque a mi perro le gusta entrar y salir.

1. Normalmente, ¿a qué hora empiezas a estudiar cada noche?

_____

2. ¿Ya entiendes mucho de la cultura hispana?

_____

3. ¿Qué prefieres hacer los fines de semana?

_____

4. Cuando estás de vacaciones, ¿piensas en los estudios?

_____

5. ¿Con qué frecuencia pierdes las llaves *(keys)*?

    _____

6. ¿Quieres ir a la playa ahora mismo?

    _____

Funciones y estructuras: *Talking about future plans*

X. ¿Qué planean hacer?   Make some logical guesses about the immediate plans of the following people using the correct form of the verb in parentheses.

Modelo: Este año, muchas actrices buenas *quieren* ganar el premio Oscar.

1. Este fin de semana, el/la gobernador(a) del estado _____ (ir) a visitar nuestra universidad.

2. Antes de llegar al hotel, los viajeros _____ (planear) reservar las habitaciones.

3. Este año, muchos estudiantes _____ (tener) que seleccionar su especialización.

4. Esta semana, mis amigos y yo _____ (querer) ir al cine y cenar en un restaurante excelente.

5. Dentro de un año, una amiga mía _____ (esperar) graduarse.

6. Hoy yo _____ (pensar) limpiar la casa.

7. Antes de viajar, muchos viajeros _____ (deber) llamar a la agencia de viajes.

8. ¡Esta noche yo _____ (desear) dormir, dormir, dormir!

Y. Buenas intenciones.   Use one verb from each of the three columns so that you can describe what the following people *wish/desire to do,* what they *need to do,* and finally how they *plan to resolve this problem.*

Modelo: Este fin de semana, yo
Este fin de semana, yo *quiero dormir mucho, pero tengo que estudiar. Así, pienso estudiar durante el día y dormir toda la noche.*

desear	**deber**	**ir a**
esperar	**necesitar**	**pensar**
querer	**tener que**	**planear**

1. durante las vacaciones, mis padres

    _____

    _____

2. este año, el Presidente de los EE.UU.

    _____

    _____

3. este año escolar, los profesores

    _____

    _____

4. pronto, mi familia y yo

_____

_____

5. el año próximo, mi familia

_____

_____

6. frecuentemente, los políticos

_____

_____

7. en dos semanas, yo

_____

_____

Síntesis

Z. Un día típico.   A Hispanic friend with whom you correspond would like to know what a typical day at the university (and at work if applicable) is like in order to compare it with her own schedule. Write one paragraph, telling her about your activities, when they occur, and in what order. You need to use a minimum of five of the activities and four of the expressions listed, but you may add more that are not in the list.

Modelo: *Primero duermo hasta las seis. Luego,… Más tarde…*

Actividades (5): comer / dormir / empezar a estudiar / estudiar / gustar / ir a clase / tener que trabajar / tener sueño

Expresiones de secuencia (4): primero / segundo / tercero / luego / más tarde / finalmente

Atajo

Phrases/Functions: Talking about daily routine; expressing time relationships
Vocabulary: Leisure; time expressions; university
Grammar: Next

_____

_____

_____

_____

_____

_____

_____

_____

_____

_____

Autoexamen

I. Vocabulario

A. ¡Adivina! Select the word or phrase that best answers the question or completes the sentence.

_____ 1. Las tiendas en esta ciudad... las puertas a las diez de la noche.
   a. cierran   b. empiezan   c. prefieren

_____ 2. Un lugar donde hay muchos coches es un...
   a. parque   b. esquina   c. estacionamiento

_____ 3. Para mis clases,... todas las noches.
   a. hago tareas   b. hago vueltas   c. hago ejercicio

_____ 4. Los domingos, mucha gente va a...
   a. la escuela   b. la oficina de correos   c. la iglesia

_____ 5. Recepcionista: Para Ud. y su esposo, ¿quieren una habitación... ?
   a. aire acondicionado   b. doble   c. cancha de tenis

B. ¿Cuál es diferente? For each of the following groups, select the item that does not belong to the group, and then write in English how it is different from the others.

1. balcón   baño privado   minibar   tren

   _____

   _____

2. almacén   banco   cajero automático   efectivo

   _____

   _____

3. siempre   a menudo   cerrado   nunca

   _____

   _____

4. hospital   museo   playa   hotel

   _____

   _____

5. siga derecho   enfrente de   doble   cruce

   _____

   _____

6. forma de pago   droguería   fecha de llegada   nombre del cliente

   _____

   _____

II. Estructuras

C. ¿Cómo debe ser?   Give the correct form of the verb in parentheses.

1. —Disculpe, señorita, ¿sabe Ud. dónde _____ (estar) la Catedral?

   —Claro, señor. _____ (seguir) derecho dos calles más.

2. —Mis compañeros y yo _____ (preferir) habitaciones sencillas, por favor.

   —Está bien, señor. ¿Y _____ (preferir) Uds. habitaciones con balcón?

3. —En las vacaciones a mí _____ (gustar) ir a la playa.

   —A mi familia y yo _____ (gustar) visitar los museos y, a veces, nosotros

   _____ (ir) de compras.

4. —Manolito, ¿con qué frecuencia _____ (limpiar) tú el cuarto?

   —Pues, cada día _____ (tender) la cama y _____ (lavar) los

   platos, pero dos noches a la semana _____ (hacer) la comida, así no puedo limpiar

   esas noches.

5. —¿Adónde vais vosotras ahora?

   —Luisa _____ (tener) que ir de compras y yo _____ (salir)

   para cenar con mis padres.

D. Preguntas.   Respond to the following questions in complete Spanish sentences. You may create information as needed to answer the questions.

1. ¿Qué quieres hacer este fin de semana?

   _____

2. ¿Cuándo tienes que estudiar mucho?

   _____

3. ¿Cómo pagas la cena en un restaurante elegante y caro?

   _____

4. ¿Con quién sales mucho y por qué?

   _____

5. ¿Quién viaja mucho en avión y por qué?

   _____

III. Cultura

E. De viaje en Puerto Rico. Identify the following statements about traveling in Puerto Rico as **cierto** or **falso.** If the statement is false, rewrite the statement so that it is correct.

1. La capital de Puerto Rico es San José.   Cierto   Falso

   _____

2. Es posibile esquiar en las montañas allí.   Cierto   Falso

   _____

3. Para ir a Puerto Rico de Chicago, es necesario viajar en avión.   Cierto   Falso

   _____

4. Puerto Rico está en Sudamérica.   Cierto   Falso

   _____

5. En Puerto Rico es posible salir a comer en muchos restaurantes.   Cierto   Falso

   _____

6. Cuando uno se va de vacaciones, es buena idea llevar mucho efectivo.   Cierto   Falso

   _____

IV. Un poco de todo

F. Mi ciudad favorita. A visitor from Puerto Rico would like to know more about urban life here and has asked you to tell her about your favorite city.

1. ¿Cómo se llama y dónde está?

   _____

2. ¿Adónde va la gente allí y qué hace?

   _____

3. ¿Cuál es su preferido medio de transporte allí y por qué?

   _____

4. ¿Qué comodidades ofrecen los hoteles allí?

   _____

Cuaderno de ejercicios

CAPÍTULO 4

Preferencias y prioridades

Tema 1 El tiempo y la ropa

Vocabulario: El estado del tiempo

A. Ordenemos. Put your Spanish class note cards in order by putting the names of the months and holidays in lists under the correct season as they occur in the U.S. Write them below.

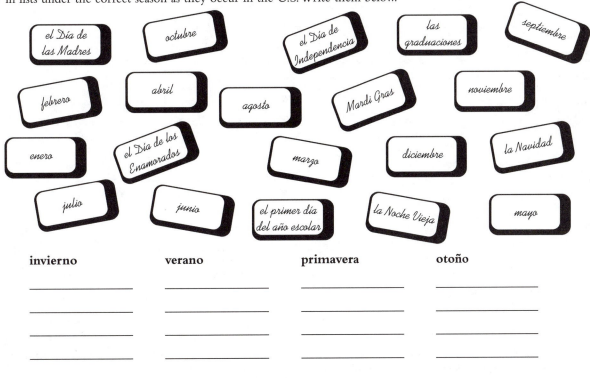

el Día de las Madres | octubre | el Día de Independencia | las graduaciones | septiembre | febrero | abril | agosto | Mardi Gras | noviembre | enero | el Día de los Enamorados | marzo | diciembre | la Navidad | julio | junio | el primer día del año escolar | la Noche Vieja | mayo

invierno	verano	primavera	otoño
_____	_____	_____	_____
_____	_____	_____	_____
_____	_____	_____	_____
_____	_____	_____	_____
_____	_____	_____	_____

B. ¿Cómo es hoy? Look at a weather map for today that tells the national forecast. Then describe for a Hispanic friend what the weather is like today in the cities or states where some of your relatives or friends live. Select your relatives and friends from the following list.

Modelo: En *Philadelphia,* donde *viven mis tías,* es un día *nevoso.*

mis abuelos / mi amigo(a) mejor _____ / mi hermano(a)_____ / mi maestro(a) favorito(a) / mi novio(a) _____ / mis padres / muchos parientes / un(a) primo(a) mío(a) / unos nietos de mis abuelos

1. En _____, donde _____, es un

   día _____.

2. En _____, donde _____, es un

   día _____.

3. En _____, donde _____, es un

   día _____.

4. En _____, donde _____, es un

   día _____.

5. En _____, donde _____, es un

   día _____.

C. Cómo nos afecta el tiempo. The weather can affect not only our activities, but also our emotions and feelings. Complete each of the following sentences logically by describing the activities and possible emotions/feelings of the people involved.

Modelo: Si es una noche tormentosa, *tengo mucho miedo* pero no *llamo a mis padres.*
              O
              Si es una noche tormentosa, *estudio con un grupo de amigos en la residencia* pero *no duermo bien.*

1. Si es un lunes lluvioso, (yo) _____

   pero no _____.

2. Si es un sábado soleado, mis amigos y yo _____

   pero no _____.

3. Si es un diciembre nevoso, mi familia _____

   pero no _____.

4. Si es una noche nublada, la gente _____

   pero no _____.

5. Si es un día parcialmente nublado, necesito _____

   pero no necesito _____.

6. Si el tiempo es tormentoso, no me gusta _____

   pero sí me gusta _____.

D. ¿Lógico o no? For each of the following circumstances, place a checkmark in the L column if the temperature given in degrees Celcius is logical. If it is not, place a checkmark in the N column and then write your own guess in the ? column as to what the temperature should be. **¡OJO!** If you are not sure the given Celsius temperature is correct, remember to use these formulas: $°F = (°C \div 0.55) + 32$ and $°C = (°F - 32) \times 0.55$ to double check!

Modelo: En Tucson en agosto la temperatura es 20°; ¡creo que hoy es posible esquiar en las montañas!
              N, 0°

	L	N	?
1. En Miami en julio la temperatura es 31° y podemos nadar.			
2. En Nueva York en noviembre la temperatura es 3° y hace frío: ¡vamos a patinar!			
3. En Sevilla hoy la temperatura es 10°. ¿Por qué hace tanto calor?			
4. En Atlanta en abril hace fresco; la temperatura es 17°.			
5. En Barcelona es un día ventoso y hace frío; la temperatura es 15°.			
6. En Segovia en junio la temperatura es 8°. Hace muchísimo calor, ¿no?			

Vocabulario: Ropa de diario y accesorios

E. Conjuntos. With regard to typical fashion do's and don't's, match each article of clothing in column A to an item in column B to put together a logical outfit.

Modelo: camiseta
             pantalones cortos

Column A

_____ 1. aretes

_____ 2. corbata

_____ 3. falda

_____ 4. medias

_____ 5. sandalias

_____ 6. zapatillas

Column B

a. blusa

b. camisa

c. collar

d. falda

e. pantalones cortos

f. traje de baño

Now complete the sentences below with words that describe these do's and don't's.

Modelo: En la playa, no es buena idea llevar *vestido* y *botas,* sino *traje de baño.*

1. En una oficina profesional, los hombres no deben llevar _____ con un traje, sino

    _____.

2. Si vas a jugar básquebol, debes llevar _____, pero no debes llevar

    _____.

3. En el verano en Dallas, la gente no lleva _____ ni _____ sino

    _____ y _____.

4. Para las mujeres es imposible llevar _____ con _____.

5. En un día lluvioso, no debes llevar _____ al salir, sino _____.

■ Un paso más: Materiales y los diseños

F.   Preferencias.   Complete each statement that you would use in a store with words that describe your preferences for design and material.

Modelo: A mi padre le encantan las chaquetas de *material sintético,* no de *cuero.*

1.   Para mi madre, necesito los aretes de _____, no de _____.

2.   Esta falda es _____ pero mi hermanita las prefiere _____.
     ¿Las tienen Uds.?

3.   Para mí, quiero pantalones de _____ o _____, pero no de
     _____.

4.   A mi tío le gustan los zapatos de _____, no de _____.

5.   Mi padre siempre lleva las corbatas _____ o _____, pero
     nunca _____.

6.   Mi abuelita necesita una blusa de _____, no de _____.

7.   ¿Tienen Uds. suéteres que son de _____? Son los que prefiero yo.

G.   El indispensable smoking.   Use the following questions to guide your reading of the article below.

Antes de leer

1.   In what type of publication most probably did this article appear originally?

     a. a news magazine like *Time* or *Newsweek*

     b. a magazine like *GQ* or *Details*

     c. a fashion catalog like *Land's End* or *International Male.*

2.   In one sentence, explain and justify your choice.

     _____

     _____

3.   Quickly scan through the three paragraphs in this article, underlining all cognates and other words you
     believe you understand.

     _____

     _____

     _____

     _____

4.   Look over the caption for the photo accompanying the article. Based on your knowledge of the parts of a
     tuxedo, guess from the context the best definition for the following words in Spanish.

     solapa: a. lapel   b. collar   c. cuff

     pajarita: a. cufflink   b. tassel   c. bow tie

     moño: a. pocket   b. cumberbund   c. suspenders

A leer

El indispensable SMOKING

El smoking celebró hace poco su centenario. Aparció, en efecto, en octubre de 1886 cuando Griswold Lorillard impresionó a todos —aún vestidos con el clásico traje de cola— luciendo esa chaqueta de estilo nuevo en el Tuxedo Park Country Club de Nueva York. El factor decisivo que lanzó el smoking fue el príncipe de Gales, quien sentía una gran pasión por la ropa; y cuando él y su hermano más joven empezaron a vestir smokings en público en los años veinte, todo el mundo hizo lo mismo. Coexistió durante algún tiempo aún con los trajes de cola, pero después de la Segunda Guerra Mundial éstos dejaron el lugar al victorioso smoking.

En su concepción moderna, el smoking debe constituir un importante "puente" que permita que uno pueda ir de un cóctel en la tarde a una romántica cena con velas.

El corte con hombros anchos, cintura más estrecha y pantalones más holgados se ha impuesto. Esa imagen "cuadrada" es una reminiscencia de los años 40. El confort proporcionado por ese corte holgado es muy importante cuando un hombre viste su mejor traje de etiqueta. A fin de cuentas, si uno se siente tan bien como aparece ¡no hay límites a su encanto e ingenio!

Romántico paseo como en otros tiempos. Dos modelos de la colección "After Six Classic" con saco blanco: el de las solapas tipo chal combina con una camisa blanca de cuello de pajarita, moño con rayas negras y plateadas y faja que hace juego; a la derecha, saco con solapas normales, camisa de algodón blanca con rayas verticales.

Después de leer

Read the following questions, and then scan the article to locate the information to help you answer them.

5. Match the paragraph number with the correct description of the information it contains.

    Paragraph   **Description**

    _____ #1   a. form/style

    _____ #2   b. history of the tuxedo

    _____ #3   c. today's usefulness

6. Match the items in the first column with their related definitions/descriptions in the second column. **¡OJO!** Not all of the definitions/descriptions are used!

    _____ 1. 1886   a. beginning of World War II

    _____ 2. El príncipe de Gales y su hermano   b. first to wear the *smoking*

    _____ 3. Griswold Lorillard   c. given credit for popularizing the *smoking*

    _____ 4. la década de 1920   d. lost out to the *smoking* in terms of popularity

    _____ 5. trajes de cola   e. New Yorkers

    _____ 6. Tuxedo Park Country Club   f. site of the first public appearance of the *smoking*

                                                     g. when the *smoking* became popular

                                                     h. when the *smoking* was introduced

7. Which of the following best summarizes the information found in paragraph #2?

    a. A man should only wear this type of *smoking* to afternoon cocktails.

    b. One should change to a black jacket for a romantic dinner.

    c. A *smoking* is not necessary for today's wardrobe: men today have many more choices than in the past.

    d. A *smoking* is *the* key item that saves you from having to change between events.

8. Mark the following phrases as **cierto** or **falso** according to the information in paragraph #3.

    a. _____ Today's popular style is very similar to that worn in the 1940s.

    b. _____ While today's style is quite striking in looks, it is not at all comfortable.

9. What is indispensible in your wardrobe? What two clothing/jewelry items must you have to survive in your social life? For each item, write one or two sentences in which you describe the item (colors, style, brand, etc.) and why it is so important.

    Modelo: *Para mí, la falda de denim es indispensable. Es azul y de algodón y la puedo comprar en las tiendas de descuento como Wal-Mart. La llevo con blusa o camiseta en la primavera y el verano cuando hace calor y con suéter en el otoño y el invierno cuando hace frío.*
                  O
                  También, los zapatos del estilo "penny loafers" son indispensables. Me gustan los negros y los compro en JCPenny. Los puedo llevar con jeans a la escuela o con mi traje al trabajo, así tienen muchos usos.

    _____

    _____

    _____

    _____

    _____

    _____

Nombre _____ Fecha _____

Funciones y estructuras: *Comparing and contrasting with comparatives*

H. Pronosticar. Look over the weather map from Spain, and familiarize yourself with the symbols. Then, complete each set of contrasts/comparisons given, using the correct combination of expressions of equality or inequality listed below. Not all words will be used. **¡OJO!** When dealing with nouns, make sure your comparatives agree in number and gender!

Modelo: En Huelva hay *menos* niebla *que* en Córdoba.

más/menos que/de / tan/tanto como / el mismo que / malo/peor / grande/mayor

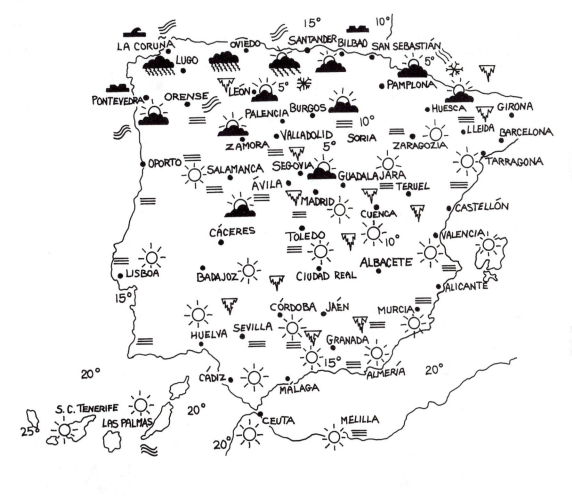

1. Hace _____ frío en Guadalajara _____ Granada.

2. Hoy, Badajoz es _____ soleado _____ Murcia.

3. Hay _____ heladas en León _____ en Cuenca.

4. La temperatura en Las Palmas es de _____ _____ 20 grados.

5. En Valencia llueve _____ _____ en Pontevedra.

6. El tiempo en La Coruña es _____ pero en Oviedo es _____.

7. Hay _____ sol _____ lluvia hoy en Santander.

8. La temperatura en Soria es _____ _____

   _____ la de Albacete.

9. La marejada *(tide)* es _____ en La Coruña que en Bilbao.

10. El día es nevoso en Pamplona _____ _____ en Burgos.

Now, with the weather map above for the month of December, make two sets of comparisons: (1) the weather for Segovia as shown on the map compared with the weather where you live and (2) the typical weather in December where you live with that shown for Las Palmas. Write two sentences for each set of comparisons, using the phrases given.

1. _____

   _____

2. _____

   _____

I. Comparaciones. Compare the clothing on the following people. Be sure to use **más** or **menos** and the appropriate form of the verb and the adjective. Follow the model.

Modelo: *Ana lleva la prenda más elegante para un evento formal.*

Verbos: ser, llevar, tener

Adjectivos: formal, informal, apropriado para, elegante, caro, atractivo, feo

Ricardo   **Ana**   **Miguel**

1. _____

2. _____

3. _____

4. _____

5. _____

6. _____

Síntesis

J. Por eso se necesita llevar...   For five of the following situations tell what you typically wear, but also what you wear if the weather is not normal.

Modelo: para jugar golf en mayo
Normalmente en mayo hace buen tiempo, por eso llevo los panatalones a cuadros y una camisa polo de color sólido. Pero si llueve, también necesito una gorra y un paraguas.

1. para no hacer nada en las vacaciones de Navidad

_____

_____

2. a la boda en un jardín en abril

_____

_____

3. para correr en el parque en julio

_____

_____

4. a una entrevista de trabajo

_____

_____

5. a servicios religiosos en enero

_____

_____

6. a una reunión familiar a la playa

_____

_____

7. para escalar montañas en el otoño

_____

_____

8. a clases un día lluvioso

_____

_____

Tema 2 La comida

Vocabulario: Las tres comidas diarias

K. Las comidas típicas.   For the following description of a typical U.S. meal plan, include the appropriate missing vocabulary. Choose from the words listed on the next page.

Opciones: papas / hamburguesa / café / sándwich / jugo de naranja / cereal / pollo / refrescos / pescado / legumbres / carne / panqueques / postre / helado / pizza

Para el desayuno, a mí me gusta comer un (1) _____ como Cap'n Crunch

con (2) _____ para beber. Un amigo bueno desayuna más fuerte que yo: come

(3) _____ con sirope y bebe (4) _____ con azúcar y crema.

El almuerzo típico consiste en un (5) _____ (por ejemplo, una

(6) _____ o bocadillo de (7) _____)

con (8) _____ fritas. Otra comida común para el almuerzo es la

(9) _____ aunque no la prepara bien nuestra cafetería. Casi todos

beben (10) _____ con su almuerzo. Por la noche, para mí la cena no es completa si

no hay (11) _____ (como pollo o (12) _____) con las

(13) _____ y, al final, un (14) _____ para terminar. Antes

de acostarme, me gusta comer una merienda como (15) _____, o sea del supermercado

o una tienda.

L. Nuestras preferencias. To describe some of the eating habits and typical foods here in the U.S., create sentences from the following groups of words, using the proper forms of the verbs and adjectives. Where there is a question mark, provide information and/or vocabulary, and, of course, you may add additional words as needed.

Modelo: todos los días / ? / servir / pizza / pero nunca / ?
Todos los días en la cafetería sirven pizza pero nunca sirven flan.

1. cena / padre (madre) / comer / ? / pero nunca / ?

   _____

2. a veces / (yo) comer / ? / con el emparedado / pero nunca / ?

   _____

3. desayuno / (yo) gustar / beber / ? / pero nunca / ?

   _____

4. a veces / mi aimgo(a) ? / comer sopa para ? / pero nunca para ?

   _____

5. ? no ser para ? / pero sí es buen postre

   _____

6. En EE.UU. / (nosotros) comer / mucho (a) ? / pero poco(a) ?

   _____

7. Aquí en ? / los niños gustar ? / pero no querer / comer ?

   _____

Funciones y estructuras: *Comparing and contrasting with superlatives*

M. Las opiniones. For each of the following categories, give your opinion by comparing the item given to all others in that category (use **de** if appropriate) and explaining why you believe your comparison is correct (**porque**...).

Modelo: el mejor restaurante
Para mí, el mejor restaurante de mi ciudad es un restaurante italiano que se llama «Mi primo Vinney» porque allí sirven las mejores salsas.

1. la mejor profesora

_____

2. el peor lugar para estudiar

_____

3. la ropa más apropiada para ir a clase

_____

4. el plato más rico de la cafetería

_____

5. los estudiantes menos preparados

_____

6. la película menos popular

_____

7. el edificio menos atractivo del campus

_____

8. la peor clase

_____

9. la actividad extracurricular más divertida

_____

10. la clase más interesante

_____

■ Un paso más: Una buena nutrición

N. Un menú español. Below you will find an outline for typical daily meals in Spain. Select an appropriate word from the list for each of the categories, but pay attention to the type of meal in making your selections.

Modelo: "una especia blanca"
sal

arvejas / bistec / café / emparedado de jamón / flan / huevos / lechuga / mostaza / naranja / pan tostado / pasta / pera / queso / refresco / salchicha / tomate / vino

El desayuno

1. una bebida caliente _____

2. una fruta _____

3. un producto animal _____

4. un tipo de pan _____

El almuerzo

5. la parte principal de una ensalada _____

6. un plato popular italiano _____

7. un producto lácteo sólido _____

8. una legumbre roja _____

9. un postre _____

10. una bebida gaseosa _____

La cena

11. una bebida con alcohol _____

12. una combinación de pan y carne _____

13. una fruta _____

O. ¿Cuál es más nutritiva? For each of the following pairs, tell which is most nutritious and why, selecting an appropriate reason from the list provided. **¡OJO!** Some of the reasons may be used more than once, but others may not be used at all.

Modelo: zanahorias cocidas / zanahorias crudas
Las zanahorias crudas son más nutritivas porque tienen más vitaminas y minerales.

tener menos azúcar / tener menos cafeína / tener más fibra / tener más vitaminas y minerales / tener menos grasa / tener menos sodio

1. pollo frito / pollo asado

_____

2. mermelada / miel

_____

3. aderezo / jugo de limón

_____

4. salmón a la plancha / bistec hervido

_____

5. té / café

_____

6. sal / pimienta

_____

7. pan blanco / pan integral

_____

8. helado / yogur

_____

9. bananas / lechuga

_____

10. mayonesa / mostaza

_____

Vocabulario: En la mesa

P. ¿Qué necesitamos? For each of the following food items, name a related food item and a utensil that you would use for that meal.

Modelo: *leche*   *cucharita*

              Comida   **Utensilio**

1. _____   _____

2. _____   _____

3. _____   _____

4. _____   _____

5. _____   _____

6. _____   _____

7. _____   _____

Q. Un empleado nuevo. Don Diego, the owner of the **La Fonda Española** restaurant, needs to give advice to his new employee, Manolito. Write the advice he should give by completing the following sentences with the vocabulary items necessary from the list below. Note that some of the words can be used more than once.

Modelo: Manolito, *las copas* no son para la leche; es mejor usar *vasos*.

cuchara / cucharita / cuchillo / mantel / platos / servilletas / tenedor / utensilios

1. Es imposible cortar la carne con _____; hay que usar _____.

2. ¡No, no, no! Ponemos el _____ debajo de los platos, no encima de los

   _____.

3. Esta noche servimos arvejas y champiñones, así los clientes necesitan el _____ para

   comerlos en vez de un _____.

4. Manolito, en este restaurante no servimos la pizza en _____ sino en

   _____.

5. Si vas a servirles a los clientes la sopa con la _____, te va a tardar mucho. Es mucho

   mejor usar la _____.

Funciones y estructuras: *Talking about ongoing actions with the present progressive tense*

R. ¿Qué está pasando? Express what is happening right now by completing the sentences below with the correct forms of **estar** and the correct **-ndo** participle.

Modelo: En la cafetería algunas personas (comer) y otros (estudiar).
están comiendo, están estudiando

1. Ahora, en cuanto a la comida, (evitar—yo) _____ la proteína pero todavía

   (comer—yo) _____ muchos carbohidratos.

2. Hoy en día, los supermercados (vender) _____ mucha agua natural en botellas.

3. Ahora, los restaurantes de aquí (servir) _____ poca carne roja en comparación al pasado.

4. Aquí en la cafetería (ofrecer) _____ varias opciones vegetarianas.

5. Ahora mi amiga (preparar) _____ una paella para la cena.

6. Mi médico me (recomendar) _____ una dieta con menos grasa porque estoy algo gordo en estos momentos.

Now write three to four sentences describing what you and three other people are doing right now, and why.

Modelo: *Mi amigo Sergio y yo estamos haciendo la tarea porque tenemos clase temprano mañana por la mañana.*

_____
_____
_____
_____
_____

_____

_____

_____

■ Un paso más: *The contrast between the verbs ser and estar*

S. Un reportaje. A Hispanic radio station has a weekly call-in show where its listeners can critique local restaurants. Complete the dialogue below using the correct form of **ser** or **estar,** according to the context.

Locutora: Pues, próximo nos llama Alejandro. Alejandro, ¿dónde estás tú?

Alejandro: _____ en mi coche. Mi novia y yo acabamos de comer en nuestro restaurante favorito.

Locutora: Muy bien. ¿Cómo se llama el restaurante?

Alejandro: _____ La Cantina Vieja.

Locutora: ¿Y dónde _____?

Alejandro: En la Avenida 5, cerca de la universidad.

Locutora: Ah, sí, lo conozco. ¿_____ Uds. estudiantes o profesores de la universidad?

Alejandro: _____ estudiantes.

Locutora: Pues, descríbanme la comida allí.

Alejandro: Por supuesto. Normalmente la comida _____ muy rica. Allí, todos los

cocineros _____ de Centroamérica, así saben bien preparar las especialidades

regionales. Pero, recientemente, todo _____ diferente: toda la fruta

_____ verde y las sopas _____ frías. Creo que los

cocineros _____ preocupados por algo.

Locutora: Alejandro, tengo que decirte que un amigo mío es camarero allí. Me dice que el restaurante

_____ perdiendo mucho dinero y que va a cerrar pronto. Creo que el lunes

30 del mes _____ el último día.

Alejandro: ¡Qué desgracia! _____ buena gente que trabaja allí. Pues, me gusta su programa. Hasta luego.

Locutora: Gracias por llamarnos. Chao.

Síntesis

T. La especialidad de la casa. Each of us probably has a family member or friend who is an excellent cook. In four to five sentences in Spanish, describe who this person is, what his/her speciality is, including the principal ingredients, and for when he/she normally prepares it.

Modelo: *La especialidad de mi suegra es su sopa de pollo. La sopa consiste en fideos, vegetales como zanahorias, arvejas, papas y cebollas en una salsa rica. La prepara con frecuencia, pero especialmente en los días lluviosos del otoño o invierno.*

Atajo 💿

Phrases/Functions: Appreciating food, talking about habitual actions
Vocabulary: Food, months, religious holidays, seasons
Grammar: Adjective agreement

_____
_____
_____
_____
_____

Now describe your favorite meal, one that you prepare yourself, that someone prepares for you, or one that you get in a restaurant. As you did above, describe who prepares it, what the meal consists of (ingredients), and when you eat it.

_____
_____
_____
_____
_____

Tema 3   Las vacaciones

Vocabulario: Los preparativos

U. Definiciones.   For each of the following definitions, write the letter of the corresponding word/phrase.
¡OJO! Not all of the words/phrases will be used!

a. boleto
b. cambiar dinero
c. equipaje
d. maleta
e. mostrar el pasaporte

f. pasaporte
g. pasillo
h. sala de espera
i. tarjeta de embarque
j. visa

_____ 1. Cuando Ud. está en España y necesita pesetas, pero sólo tiene cheques de viajero, Ud. debe ir a un banco y...

_____ 2. Cuando una persona empaca su ropa y los artículos necesarios para las vacaciones, normalmente pone todo en una...

_____ 3. Es el documento oficial que demuestra la ciudadanía de una persona. Es casi obligatoria para todos los viajes internacionales, excepto entre países como los Estados Unidos y México.

_____ 4. Es el recibo que Ud. recibe cuando paga dinero para viajar por avión. Hoy en día, por ser más eficiente y económico, muchas areolíneas sólo producen una forma eletrónica de esto, en vez de una forma de papel.

_____ 5. Es lo que hace un viajero al llegar al puesto de Inmigración en el aeropuerto.

_____ 6. Es lo que lleva un turista en las vacaciones para llevar toda su ropa y necesidades.

_____ 7. Si a Ud. no le gusta ver por la ventanilla del avión al viajar, o si necesita levantarse o usar los servicios mucho, se le recomienda este tipo de asiento.

Funciones y estructuras: *Talking about seasonal activities with stem-changing verbs*

V. Lo que vamos a hacer.   If you and some of your classmates were to participate in a language program in Spain, you might do some of the following activities. Describe who does what by completing each sentence with the correct form of the verb.

Modelo: (yo) conocer a nuevos amigos todos los días.
De vacaciones en España, conozco a nuevos amigos todos los días.

1. (mis amigos) querer comprar ropa nueva

   En España, _____.

2. (el profesor/la profesora de español) probar comida diferente

   En el viaje, _____.

3. (nosotros) preferir ir a un restaurante español diferente

   Cada semana, _____.

4. (mi buena amiga) reconocer a una persona famosa en la playa

   En las Islas Canarias, _____.

5. (todos) perder las llaves del apartamento

   Con frecuencia, _____.

6. (yo) tener una experiencia nueva

   Todos los días, _____.

7. (tú) querer pasar toda la vida en España

   Después de unas semanas, _____.

8. (una persona) dormir todo el día

   A veces, _____.

9. (vosotros) pensar visitarnos en EE.UU.

   Les preguntamos a nuestros nuevos amigos españoles: «¿ _____?»

10. (yo) seguir estudiando el español

    Después de volver de España, _____.

W. ¿Con qué frecuencia?   How often do you participate in certain activities compared with other family members or friends? Provide a complete answer for each of the following questions. Follow the model.

Modelo: ¿Tienen que trabajar tú y tus amigos?
Tengo que trabajar 15 horas a la semana, pero mis amigos tienen que trabajar sólo 10 horas a la semana.
O
Mis amigos y yo tenemos que trabajar 20 horas a la semana.

¿Con qué frecuencia...

1.   corrigen Uds. a los profesores?

_____

2.   entretienen tú y los padres a parientes que visitan?

_____

3.   conocen tú y tu mejor amigo(a) el amor verdadero?

_____

4.   prueban Uds. platos internacionales?

_____

5.   vencen tú y tus amigos(as) en los deportes intramurales?

_____

6.   piden tú y tus hermanos favores a los padres?

_____

X. ¡No hay tiempo!   As university students, you are very busy and don't have much free time. To express this, create a sentence for each of the following people by combining elements from all three columns.

Modelo: nosotros / oír música jazz / en el club con frecuencia
Aquí, no tenemos mucho tiempo libre, así no oímos música jazz en el club con frecuencia

yo	**dar un paseo**	**toda la noche**
mi profesor(a) de ?	**dormir**	**con amigos**
mis amigos y yo	**hacer deportes**	**lo suficiente**
todos los estudiantes	**pensar en**	**muchos deportes**
	pertenecer a	**mucho al restaurante preferido**
	tener tiempo	**la vida personal**
	ver	**un grupo social en el campus**
		para no hacer nada
		mucha televisión
		la playa para el fin de semana

1.   Aquí, no hay mucho tiempo libre, así que _____

_____.

2.   Estamos tan ocupados que _____

_____.

3.   _____

porque no hay tiempo para esto.

4.   Siempre hay mucho trabajo en esta universidad, y por eso _____

_____.

Funciones y estructuras: *Talking about daily activities with reflexive verbs*

Y. Unas vacaciones idóneas. Alicia and Carmen are on vacation in the Canary Islands and Carmen is writing the following postcard. Fill in the blanks with the correct form of the reflexive verbs in parentheses.

Queridos amigos:

Nos quedamos en un hotel de cuatro estrellas que se llama El Paraíso, y ¡todo aquí es un paraíso de veras! En primer lugar, Alicia y yo _____ (llevarse) muy bien porque somos similares y hacemos mucho juntas. Vamos a la playa tres veces al día para tomar el sol y nadar. Cada día por la mañana _____ (ponerse—nosotros) los trajes de baño, gorras y gafas de sol porque siempre hace sol y mucho calor. ¡Muchas veces _____ (bañarse—yo) en el mar dos o tres veces al día! A veces, _____ (divertirse—yo) por ir de compras y pasear por la playa. A Alicia le gusta leer y conocer a los españoles guapos en la playa. Por eso, Alicia siempre _____ (levantarse) temprano y _____ (maquillarse). Pero yo _____ (acostarse) a las dos de la madrugada y_____ (despertarse—yo) a las nueve o diez. Cada tarde tomamos el tiempo para ir a un restaurante nuevo. Normalmente nosotras _____ (sentarse) unas horas y probamos platos españoles típicos. ¡Qué rico es todo!

Aunque estas vacaciones nos cuestan mucho dinero, no _____ (quejarse) porque es una experiencia inolvidable.

Besos y abrazos,

Carmen

Z. De vacaciones. When we are vacationing, our daily routines change dramatically. Use each verb to express how your vacation routine differs from your school/work routine.

Modelo: levantarse
De vacaciones, *me levanto tarde todos los días* pero en la universidad, *me levanto a las 7:30 durante la semana.*

1. ponerme preocupado(a)

De vacaciones, _____

pero en la universidad _____.

2. vestirme

De vacaciones, _____

pero en la universidad _____.

3. divertirme

De vacaciones, _____

pero en la universidad _____.

4. acostarme, despertarme

De vacaciones, _____

pero en la universidad _____.

5. arrepentirme de

De vacaciones, _____

pero en la universidad _____.

Síntesis

AA. De viaje internacional.   Do you or anyone you know travel internationally on business? If so, describe in Spanish what you/he/she normally does in preparation for and during an international business trip when a presentation needs to be made to the office personnel. If not, describe a probable, typical sequence of activities for a person making a business trip to Spain. She has to visit her company's office in Madrid and make a presentation to the office personnel.

Use ten of the activities in the following list and five additional ones, making sure the activities appear in logical order, and supplying the appropriate information when you see "?". Describe the preparation, the actual trip, and the business and leisure activities that normally occur. Of course, you may add additional information and activities.

abordar el avión / asistir a ? / bañarse antes de ? / comer en ? / comprar el boleto para ir a ? / conseguir cheques de viajero / dormir / empacar el equipaje / hacer la reserva / ir a ? / llegar al hotel, ponerse ? para la presentación / preparar la presentación / visitar ? / volar ? / horas, volver en ? / días

_____
_____
_____
_____
_____
_____
_____
_____
_____

Autoexamen

I. Vocabulario

A. ¿Cuál es diferente?   For each of the following groups, select the item that does not belong to the group, and then write in English how it is different from the others.

1. crudo   hervido   a la plancha   frito

   _____

   _____

2. día soleado   día tormentoso   día templado   día despejado

   _____

   _____

3. estar comiendo   estar bailando   estar pensando   estar hablando

   _____

   _____

4. jugo   refresco   sopa   leche

   _____

   _____

5. lana   cuero   pana   oro

   _____

   _____

6. despertarse   acostarse   dormirse   quejarse

   _____

   _____

7. boleto   maleta   mochila   riñonera

   _____

   _____

8. Madrid   Galicia   Extremadura   Asturias

   _____

   _____

9. medias   calcetines   zapatillas   pantalones

   _____

   _____

10. vaso   plato   copa   taza

   _____

   _____

B. Diálogo.   Below are several mini-conversations between Mr. and Mrs. Pérez (Sr. P; Sra. P) and their waiter (M). Read the dialogue, and then fill in each blank with the letter of the appropriate word/phrase. Each item in the list can be used only once.

a. agua
b. aderezo de ajo
c. chuleta
d. en qué puedo servirles
e. ensalada
f. espárragos
g. flan
h. langosta
i. mariscos

j. mermelada
k. plato
l. pollo
m. por favor
n. postre
o. salmón
p. tarjeta de crédito
q. cuchara
r. vino

M: ¿ _____, señores?

Sr. P: Tenemos reservas para dos en el nombre de Pérez.

M: Sí, señor; aquí está su nombre. Síganme, _____.

En la mesa.

M: Antes de pedir, ¿qué desean tomar?

Sra. P   Para mí, un _____ blanco francés.

Sr. P: Y yo quiero _____ mineral, sólo.

M: Muy bien. Esta noche tenemos especialidades en los _____: o la _____ o el

           filete de _____. Los dos se sirven con una _____ de

           lechuga, tomates y cebolla y _____ o jugo de limón. ¿Les gustaría probar una de

           las especialidades?

Sra. P: Yo, no. Quiero el _____ asado con _____. ¿Y tú, cariño?

Sr. P: Voy a pedir la _____ de cerdo con _____ de naranja.

M: Por supuesto. Se los llevo en seguida.

Después de comer.

M: ¿Desean Uds. un _____?

Sra. P: Gracias, pero no. No puedo más.

Sr. P.   Me gustaría el _____, por favor. Y, una pregunta: ¿puedo pagar con

           _____?

M: Cómo no, señor. Necesito traerle a Ud. otro _____ y una

           _____.

Srs. P: Gracias.

II. Estructuras

C. Patrones. Study the verb patterns below, and then supply the missing verb forms for each sequence.

1. empiezo _____ empieza empezamos _____
empiezan

2. _____ pides _____ pedimos pedís piden

3. _____ _____ conoce conocemos conocéis
conocen

4. me llamo   te llamas _____ _____ os llamáis
se llaman

5. _____ contienes contiene _____ contenéis
contienen

6. muestro   muestras   muestra   mostramos _____

_____

7. soy _____ es   somos   sois _____

8. _____ estás _____ estamos estáis están

9. me siento _____ _____ nos sentamos
os sentáis   se sientan

10. _____ escoges escoge escogemos _____
escogen

III. Cultura

D. Tantas preguntas. A new student who recently arrived from Segovia needs some facts straight about the seasons and activities here in the U.S. Identify each of the following statements as either **cierto** or **falso.** If the statement is false, rewrite it so that it is correct.

Modelo: En EE.UU. la gente planta muchas flores en enero y febrero.
            Falso   La gente planta muchas flores en la primavera, porque hace demasiado frío en enero y febrero.

1. Es posible nadar en la playa en noviembre en Nueva York.

_____

2. En EE.UU., en general hace bastante frío en julio y agosto.

_____

3. Es posible esquiar en el invierno en Colorado.

_____

4. En las universidades, hay muchos partidos de fútbol americano en el verano.

_____

5. Los norteamericanos miran más televisión en los meses de invierno que en los meses de verano.

_____

6. Cuando hace mucho viento, a muchos norteamericanos les gusta pasear en la playa.

_____

7. Es común que las familias limpian la casa entera en la primavera.

    _____

8. Es necesario cortar el césped frecuentemente en el otoño.

    _____

9. En EE.UU., no hay muchos días lluviosos en la primavera.

    _____

10. En la Florida, casi nunca nieva durante los meses de diciembre y enero.

    _____

IV. Un poco de todo

E. Prioridades. Choose the appropriate words to fill in the blanks, and then complete the sentences logically in Spanish.

1. (corbata / zapatillas / pantalones / blusa) Para trabajar en un banco, muchas veces las mujeres llevan falda y

    _____ o vestidos porque _____

    _____.

2. (más, que / menos, que / más, de / tanto, como) Normalmente, hace _____ frío en

    Puerto Rico _____ en Alaska porque _____

    _____.

3. (más / mayor / mejor / mismo) De todos los grupos de comida, el grupo de panes y cereales es el

    _____ nutritivo porque _____

    _____.

4. (relojes / cinturones / collares / bañadores) En el invierno, la gente lleva abrigos, guantes y botas, pero no

    lleva _____ porque _____

    _____.

5. (tenedor, copa / jugo, taza / cuchillo, cuchara / arete, salsa) Para preparar un emparedado de jamón y queso,

    hay que usar un _____, pero no es necesario una _____

    porque _____.

6. (maleta / pasillo / visa / pasaporte) Si voy a viajar internacionalmente, es buena idea tener mi

    _____ para _____

    _____.

7. (me ducho / me visto / me acuesto / me quejo / nos queremos / nos ayudamos / me voy, te vas) Después

    de levantarme por la mañana, _____ y _____ antes de

    _____.

Cuaderno de ejercicios

CAPÍTULO 5

Al corriente

Tema 1 La actualidad política y económica

Vocabulario: La política

A. Asociaciones. Which of the following vocabulary items can you associate with the groups below?

Modelo: Barry Goldwater, Eugene McCarthy
conservadores

ciudadano / congreso / demócratas / el ejército / guerra / ministros / paz / republicanos / terrorismo / votar

1. _____ 1861–1865, 1939–1945
2. _____ Abraham Lincoln, Richard Nixon, Ronald Reagan
3. _____ acuerdos de Camp David, firmar un tratado *(treaty)*
4. _____ aviones, soldados, generales, tanques
5. _____ Educación, Agricultura, Economía
6. _____ el primer martes en noviembre, tener 18 años
7. _____ Franklin D. Roosevelt, John F. Kennedy, William Clinton
8. _____ Pan Am 103, Libia
9. _____ representantes, senadores
10. _____ tener pasaporte, votar

B. Los participantes políticos. Below is a list of some of the participants in our political system in the U.S. Match each participant with the activity that conveys the participant's role or responsibility.

Modelo: Los liberales
Los liberales *promueven una ideología de un gobierno federal.*

_____ 1. El presidente...
_____ 2. Yo...
_____ 3. El congreso...
_____ 4. Los partidos políticos...
_____ 5. El ejército...
_____ 6. Nosotros, los ciudadanos...

a. buscan el poder político del país.
b. debemos participar en el proceso político.
c. discute y decide las leyes de un país.
d. se elige para ser el líder del país.
e. se encarga de defender el país de sus enemigos.
f. voto en las elecciones.

Funciones y estructuras: *Talking about past activities with the preterit tense*

C. Comparaciones. Compare how you and another person did each activity by completing the sentence with the appropriate preterit form of the verb.

Modelo: levantarse
Me levanté a las diez hoy, pero el Presidente *se levantó* a las cinco.

1. escribir

   No _____ ningún email a casa esta semana porque en la clase de inglés nosotros

   _____ tres composiciones.

2. mirar

   _____ los premios Óscar en la tele este año; también los

   _____ mis hermanas. ¿Los _____ tú?

3. votar

   _____ en las elecciones del noviembre pasado pero sé que muchos estudiantes de aquí

   no _____.

4. discutir

   Los senadores _____ mucha política económica durante las elecciones del año pasado,

   pero mis amigos y yo no la _____ nada.

5. comer

   ¡Qué desastre! ¡_____ ocho chocolates anoche y mi compañero/a

   _____ diez!

D. La candidata. Eloisa Llosa Belén is running for president of student government and is attending the meeting of Hispanic students to garner their support. What types of questions might you expect to hear posed to her regarding her past accomplishments? Put together logical questions using the **tú** form of the verb and one item from each column.

Modelo: cuándo / trabajar / con el gobierno estudiantil en el pasado
¿Cuándo trabajaste con el gobierno estudiantil en el pasado?

cuál	**comenzar a**	**becas académicas en los últimos años**
cuándo	**organizar**	**eventos estudiantiles el año pasado**
dónde	**recibir**	**notas en las clases el semestre pasado**
por qué	**sacar**	**tener interés en el gobierno estudiantil**
qué	**trabajar**	**el verano pasado**

1. _____
2. _____
3. _____
4. _____
5. _____

Vocabulario: La actualidad económica

E. O sea...   Enrich your vocabulary in Spanish by completing the sentences with the appropriate words from the list.

Modelo: Este año los precios suben y suben, o sea *(or rather),* hay mucha *inflación.*

**disminuir / el paro / empresas / ganar / gastamos / impuestos / invierten /
la tasa de cambio / las exportaciones / prestan**

1. Tenemos que aumentar el número de productos que enviamos a otros países, o sea,

    _____.

2. ¿Cuántas pesetas puedo conseguir por dólares? O sea, ¿a qué es _____?

3. En este país hoy en día son pocos que no tienen trabajo, o sea, _____ es bajo.

4. La inflación continúa a bajar, o sea _____, mes tras mes este año.

5. ¿En esta ciudad hay muchas compañías, o sea _____, internacionales?

6. ¡Asistir a la universidad cuesta tanto! Parece que cada año nos usamos más y más dinero, o sea, nosotros

    _____ más. Por eso, mi jefe necesita pagarme más, o sea, quiero

    _____ más en el futuro.

7. El 15 de abril tengo que pagar un montón de dinero, o sea muchos _____, al
    gobierno.

8. Cada año, mis padres me _____ (o sea, me dan) dinero de bolsillo para la universidad.

9. Mucha gente hoy en día compran acciones en una compañía, o sea _____ en la
    empresa, para ganar dinero para la jubilación *(retirement).*

F.   Las noticias económicas.   Below is a portion of a radio report on past economic conditions. Read
through the report and then fill in each blank with the appropriate preterit form of the correct verb from the list.

aprobar / aumentar / firmar / ganar / gastar / ofrecer / perder / publicar

No salen buenas noticias hoy en cuanto al estado económico del
país. Se anota que la inflación _____ 2% otra
vez durante los últimos tres meses. La bolsa de valores
_____ 5% de su valor la semana pasada. La
gente _____ más en las necesidades de la vida:
la residencia, la comida, etc. El gobierno _____
un reportaje que recomienda un plan para ayudar a la economía, y el
presidente _____ y _____ el
programa, pero todo va a tomar de dos a tres años para cumplir. Las
diez empresas más grandes del país _____ menos
aumentos de salarios durante el año, así en general los ciudadanos
_____ menos en total.

Síntesis

G. Hoy en día.   Write a brief news item to appear in a local Spanish-language newspaper explaining the political consciousness of your fellow university students. Include the following points.

- their political tendencies
- their political activities (or lack thereof)

- the social/economic issues that confront them
- what is important to them

Write at least two paragraphs of four to five good sentences each in Spanish.

Atajo

Phrases/Functions: Comparing & contrasting, talking about the present, writing a news item

_____
_____
_____
_____
_____
_____
_____
_____
_____
_____
_____

Tema 2   La actualidad deportiva

Vocabulario: Los eventos deportivos

H. Identificaciones.   Label the following sports items with the correct word from the list.

árbitro / bate / beisbolista / cancha / entrenador / marcador / medalla / raquetas / pelotas / trofeo

1   2   3   4   5

6	7	8	9	10

1. _____   6. _____

2. _____   7. _____

3. _____   8. _____

4. _____   9. _____

5. _____   10. _____

I. Términos deportivos. Match each item on the left with the appropriate item(s) on the right. (There are several possibilities for some items.)

_____ 1. 5–5

_____ 2. básquetbol

_____ 3. campo

_____ 4. fútbol

_____ 5. jugadores

_____ 6. medalla

_____ 7. red

_____ 8. triunfo

a. atletas

b. empate

c. equipo

d. ganar

e. gol

f. golf

g. Juegos Olímpicos

h. tenis

i. torneo

j. trofeo

J. La actualidad deportiva. Nomar is a sports enthusiast from Panamá. Answer his questions about the sports and competitiveness in your community and at your schools to the best of your ability.

Modelo: ¿Cuántas canchas de tenis hay en la universidad?
              Hay 22 canchas.

1. ¿Cuál equipo gana mucho en la universidad?

_____

2. ¿Representó algún estudiante la universidad en los últimos Juegos Olímpicos?

_____

3. ¿Perteneces tú a un equipo deportivo? ¿Cuál?

_____

4. ¿Hay un(a) entrenador(a) famoso(a) en la ciudad? ¿Quién es y por qué es tan popular?

_____

5. ¿Ganaste tú (o ganó tu equipo) alguna vez un campeonato deportivo?

_____

6. ¿Qué equipo gana poco aquí en EE.UU.?

_____

7. ¿Cuál crees tú es el/la atleta más famoso(a) de la ciudad?

_____

Funciones y estructuras: *Talking about past activities with stem-changing verbs in the preterit*

K. El mundo de los deportes.   Complete the paragraph with the correct preterit form of the appropriate verb from the list below. Note that not all of the verbs are used.

competir / seguir / construir / creer / ganar / leer / mentir / perder

La ciudad _____ un nuevo estadio para el equipo profesional de fútbol hace cuatro

años. Es un estadio que ofrece lo mejor de servicios al público y una experiencia inolvidable para los aficionados

del deporte. El público no _____ las noticias cuando _____

el artículo en el periódico, pero cuando salió el anuncio oficial del alcalde de la ciudad, todo el mundo celebró.

En ese mismo año, el equipo _____ la mayoría de sus partidos (solamente

_____ tres) y luego _____ en la Copa Mundial el año después.

Funciones y estructuras: *Talking about past activities with irregular verbs in the preterit*

L. El partido de la vida.   A friend from your Spanish class has asked you to read over her composition about her most memorable sports moment, but she is having trouble with the preterit forms of the verbs. Help her rewrite the sentences, and add additional information if you wish.

Modelo: ser un partido emocional
Fue un partido emocional.

1. todos correr sin parar todo el partido

_____

2. yo estar supercansada

_____

3. al final yo recibir la pelota

_____

4. yo caerse

_____

5. nosotros pensar que íbamos a *(we were going to)* perder

_____

6. de repente, mi amiga Rebecca venir

_____

7. ella tomar la pelota y le dar un puntapié *(kick)*

_____

8. ella hacer el gol ganador

_____

9. nosotros celebrar en grande

_____

10. nosotros no poder dormir toda la noche

_____

M. Los horarios. People's routines may vary greatly. What do you think these people did yesterday at each of the following times?

a. a famous political figure
b. a famous sports figure

c. an actress
d. your mother/father

Modelo: A las 6:00 de la mañana...
a. *el presidente se levantó.*
b. *Michelle Kwan practicó el patinaje.*

c. *Olympia Dukakis manejó al estudio.*
d. *mi madre preparó su desayuno.*

1. A las 9:00 de la mañana...

a. _____
b. _____
c. _____
d. _____

2. Al mediodía...

a. _____
b. _____
c. _____
d. _____

3. A las 18:30...

a. _____
b. _____
c. _____
d. _____

4. A las 22:00...

a. _____
b. _____
c. _____
d. _____

Síntesis

N. Dos días diferentes.   You have been asked to compare/contrast two distinct days: a typical full day at the university versus another type of day (either stressful or particularly fun). Write two paragraphs of four to five sentences each.

In the first paragraph, describe what you normally do on a busy school day: include the times, the places, with whom you do things, etc. Make sure you describe the day in chronological order.

In the second paragraph, recount everything you did on the day that was different: what you did, when, and with whom, etc.

In each paragraph use a minimum of eight different verbs.

Modelo: *Generalmente, me levanto a las 5:30. Voy al gimnasio para hacer ejercicio y después,...*
              El sábado pasado fue un día bien divertido. No me desperté hasta las 9:00...

Atajo

Phrases/Functions: Comparing & contrasting; talking about the present; writing a news item
Vocabulary: University; time of day; sports; leisure
Grammar: Present; preterit

_____

_____

_____

_____

_____

_____

_____

_____

_____

_____

_____

_____

_____

_____

_____

_____

_____

_____

_____

_____

_____

_____

_____

Tema 3   La actualidad cultural

Vocabulario: Las artes plásticas

O. Un anuncio.   Below is a flyer announcing an art exhibition. Using the words from the list, fill in the blanks with the appropriate form of the missing word. **¡OJO!** Not all of the words are used.

abstracta / cuadros / exposición / formarse / galería / muestras / óleo / pintora / temas

El 2 de mayo

En la _____

Metropolitana de Arte

Una _____

de la famosa

_____ *peruana*

María Gutiérrez

Más de 50 _____

de _____ variadas

Abierta: de las 9:30 hasta las 19:30

Entrada: Gratis

Nota biográfica:

Nacida en Ica, Perú, en 1916, inició su carrera como

artista en 1968, a los 52 años. Expone obras pintadas en

_____ y en otros materiales.

Pinta paisajes, rostros, marinas, etc. Ha realizado más de

25 _____ individuales y

otras tantas colectivas.

Funciones y estructuras: *Avoiding repetition with direct object pronouns*

P. No los repitan, por favor.   Create questions using the following elements and changing direct objects to pronouns. Note that the subject is at the end of the sequence.

Modelo: las pintoras jóvenes / ver / Uds.
                 ¿Las vieron Uds.?

1. la exhibición de Dalí / ver / tú

    _____

2. el ladrón del cuadro por Picasso / necesitar encontrar pronto / la policía

    _____

3. tú / recoger a la galería los viernes / tus padres / verdad

    _____

4. las pinceladas obvias en la pintura / observar / el crítico famoso

    _____

5. mis esculturas africanas / poner en mi oficina / tú

    _____

6. nosotros / pintar en acuarela u óleo / el pintor

    _____

7. los temas de las esculturas abstractas / comprender / la gente

    _____

8. tú / llevar hoy a la exhibición / tu novio

    _____

9. vosotros / tener que demostrar su creatividad / la profesora de arte

    _____

10. la pintora / enseñar bien / su maestra

    _____

Q. Preguntas.   Respond to each of the following questions in a logical way, using an object pronoun in your answer.

Modelo: ¿Cuándo pintaste los cuadros?
                 Los pinté el año pasado.

1. ¿Prepararon Uds. su exhibición?

    _____

2. ¿Te vieron ayer en la galería de arte tus amigos?

    _____

3. ¿Compró tu amigo la escultura?

    _____

4. ¿Van a mostrar los cuadros finales de los estudiantes?

_____

5. ¿Los profesores de arte conocen bien a Uds.?

_____

Vocabulario: El teatro y la música

R. ¿Cómo se expresa? A friend's younger brother is studying Spanish in high school and has a project to complete about Hispanic cultural events. Help him by providing the appropriate word or phrase.

Modelo: when something earns critical claim?
éxito

¿Cómo se expresa... ?

1. opening day _____
2. to practice _____
3. a public performance _____
4. a theater—not where you see movies! _____
5. a dramatic actor like Sir Laurence Olivier _____
6. a female actress _____
7. a play like "Death of a Salesman" _____
8. a person who sings—not with a choir _____
9. to play an instrument _____
10. where you buy tickets for a play _____

S. Una universidad aculturada. How would you describe the "culture" available on your campus to a visiting Hispanic student? Complete the following phrases in a logical way to accurately describe the situation at your school.

Modelo: En nuestra universidad *hay un festival de cine avant-garde cada otoño.*

1. En mi universidad, son frecuentes _____.
2. Los estudiantes tienen muchas oportunidades para _____.
3. Sin embargo, no hay _____.
4. A la mayoría de los alumnos les gusta _____

   pero prefieren más _____.
5. El semestre pasado vino al campus _____

   y yo _____.
6. Muchos de mis amigos van frecuentemente _____

   para _____.
7. En fin, puedo decir que _____.

Síntesis

T. ¿La cultura versus el deporte?   Are you particularly interesed in culture or in sports? Are you a fan or a participant? Describe which area(s) you prefer and why. Write three to four sentences for each category below in order to give an accurate description of your preferences.

Include information about...

- your personality traits and interests;
- your experiences and time available for them;
- family's or friend's influences on you.

_____

_____

_____

_____

_____

_____

_____

_____

_____

_____

Autoexamen

I. Vocabulario

A. ¡Adivina!   Select the word or phrase that best answers the question or completes the sentence.

_____ 1. La galería universitaria presenta... de obras estudiantiles este mes.
           a. una inversión   b. un partido   c. una exposición

_____ 2. ¡Nuestro equipo necesita un... nuevo antes del próximo partido!
           a. entrenador   b. ejército   c. concierto

_____ 3. El estilo de mi pintor favorito es...
           a. éxito   b. abstracto   c. estreno

_____ 4. Durante la... pasada, ganamos 11, perdimos 0 y empatamos 2 partidos.
           a. copa   b. temporada   c. cancha

_____ 5. ¿Vieron Uds. a Plácido Domingo cuando visitó nuestra ciudad?
           a. No, no lo vimos.   b. Sí, él nos vio.   c. No puedo verla.

B. ¿Cuál es diferente?   For each of the following groups, select the item that does not belong to the group, and then write in English how it is different from the others.

1. escultura   reproducción   óleo   acuarela

_____

2. gol   jugador   cancha   beisbolista

_____

3. votar   aprobar   discutir   tocar

_____

4. ganar   museo   sueldo   empleo

_____

5. director   actriz   solista   gira

_____

6. lo   la   yo   nos

_____

II. Estructuras

C. El pasado.   Convert the following present-tense sentences to past-tense by writing the appropriate preterit verb on the line to the right.

Los deportes

1. Practico el béisbol el lunes.   _____

2. Al árbitro le gusta correr antes de los partidos.   _____

3. Aranxta Sánchez Vicario está en Argentina para un torneo y juega bien.   _____

4. La jugadora pide ayuda a su entrenadora favorita.   _____

La política

5. El presidente firma la declaración de guerra.   _____

6. Todos votamos para la constitución nueva.   _____

7. El ejército lucha fuertemente y defiende contra la nación.   _____

El arte...

8. Los escultores hacen obras magníficas.   _____

9. El crítico piensa mucho sus ideas antes de escribir su resumen para el periódico.   _____

10. ¿Tienes éxito tú en las exhibiciones de arte?   _____

D. Los pronombres.   Respond to the following questions according to the cues. Make sure that you avoid repeating the object by using the appropriate pronoun.

1. ¿Conoces a mi tía Isabel?

   No, no _____.

2. ¿Escribiste las invitaciones para la fiesta?

   Sí, _____.

3. ¿Compraste el disco compacto de la orquesta filarmónica?

   Claro que sí _____.

4. ¿Me puedes llamar durante las vacaciones?

Lo siento, pero no _____.

5. ¿Leíste la novela nueva de Robin Cook?

No, no _____.

6. ¿Tocas el piano y la violina?

Sí, _____.

7. Tienes que encontrar a Ana y a mí en la biblioteca, ¿no?

Sí, _____.

III. Cultura

E. Identificaciones. Identify the following famous Hispanic people and places mentioned in **Capítulo 5** by matching them with their descriptions in the second column.

_____ 1. Alfredo Sánchez   a. antigua ciudad inca

_____ 2. Félix Oliva   b. pintor peruano vanguardista

_____ 3. Germán Arenas   c. pintor y ceramista peruano

_____ 4. Machu Picchu   d. sitio para ir a escuchar jazz

_____ 5. el barrio Miraflores de Lima, Perú   e. tenista peruano

IV. Un poco de todo

F. Siempre hay excepciones. Complete the sentences with the correct present or preterit form of the verb in parentheses. If there is no verb, write the appropriate object pronoun.

1. Normalmente mis amigos y yo _____ (ir) a los partidos de básquetbol los viernes,

   pero una vez _____ (ir) a un concierto de música clásica.

2. Por lo general, los obreros _____ (construir) una casa cada tres meses, pero el mes

   pasado _____ (establecer) un récord nuevo: ¡_____ (construir)

   dos casas en cuatro meses!

3. Frecuentemente el presidente _____ (aprobar) las leyes nuevas de esta manera: primero toma los

   documentos y _____ _____ (dar) a sus consejeros. Después

   de tener una discusión, normalmente _____ _____ (firmar).

   Pero un día, él _____ (hacer) algo diferente; _____ (firmar) la

   ley y no _____ _____ (discutir) con sus consejeros.

4. Casi siempre, la directora de la orquesta _____ (estar) para cada ensayo.

   Pero una noche, ella no _____ (venir) a la hora normal. Desde que ella

   no _____ (estar), _____ (tener) yo que comenzar

   _____.Y, en mi opinión, _____

   _____ (dirigir—yo) muy bien.

Cuaderno de ejercicios

CAPÍTULO 6

Recuerdos

Tema 1 Ciudades

Vocabulario: La vida en la ciudad

A. Lugares apropiados.   You are in San José, Costa Rica and would like to do some of the following activities. What words do you need to know to ask for directions, direct cab drivers, get information, etc.?

Modelo: ver arte nativa costarricense
museo, mercado

1.   comprar _____

2.   salir con amigos _____

3.   ver arte _____

4.   enviar una carta _____

5.   buscar residencia _____

B. Los servicios públicos y privados.   If a visiting student from Costa Rica asked you about public services
available in your city/region, what would you say? Answer her questions about the service providers in your area.

Modelo: ¿Tiene cable la familia tuya? ¿Quién provee el servicio?
Sí, tenemos cable. La compañía Time Warner lo provee.

1.   En tu ciudad, ¿cuál entidad (o cuáles entidades) provee(n) la luz?

_____

2.   ¿Tienes conexión a Internet? ¿Qué entidad te lo provee? ¿Cuánto cuesta?

_____

3.   ¿Qué sistemas de transporte público hay? ¿Cuáles utilizas tú?

_____

4.   ¿Qué proyectos de construcción hay en o cerca de tu universidad?

_____

5.   ¿Qué entidad te provee el servicio de teléfono de larga distancia? ¿Cuánto pagas al mes?

_____

C. Para tu información.   Read the section **Para tu información** in **Tema 1, Capítulo 6** of your text-
book. Using that description of San José as a model, write a paragraph about a U.S. city that you know (your
hometown, the city in which your university is located, etc.). Keep the basic structure as it is and adapt the
appropriate information for the city that you are describing.

_____

_____

_____

_____

_____

_____

_____

_____

_____

D. Crucigrama.

Horizontales

1. Es lo que causó la vaca de la Sra. O'Leary y que destruyó mucha de la ciudad de Chicago hace 100 años.
4. Si hay mucha inflación, entonces aumenta también _____. (5 palabras)
6. Si no reogemos la basura o si ponemos muchos químicos en los jardines, entonces va a haber mucha _____ de la tierra.
7. Son las personas que trabajan profesionalmente o voluntariamente para apagar los incendios.
8. Es el grupo de personas que se emplean para proteger a la ciudad y los ciudadanos.
9. Es el conjunto de sonidos fuertes. En las ciudades, resulta del tráfico, la construcción y la gente.

Verticales

2. Es cuando los jóvenes participan en el crimen.
3. Es el hombre o mujer que gobierna la ciudad.
5. Cuando esto no ocurre en la ciudad en los veranos, todo huele mal y los ciudadanos se ponen furiosos. (3 palabras)

E. Causas y consecuencias. The conditions under which we live are caused by people behaving responsibly or irresponsibly, and the consequences are positive or negative. In Spanish, describe both the causes and consequences of the following conditions that affect you personally or life in your city. Where you see a slash mark (/), choose the condition applicable to you or your city.

Modelo: La contaminación en los parques
Causa: *Mucha gente no cuida los parques. Traen sus comida y bebidas y no tiran la basura en los recipientes apropiados. La ciudad no tiene suficientes trabajadores para limpiar todos los parques cada día.*
Consecuencia: *Ahora los parques tienen basura por todas partes y no los visitamos frecuentemente.*

1. el ruido en mi casa / apartamento / residencia

    Causa: _____

    Consecuencia: _____

2. mucha / poca basura

    Causa: _____

    Consecuencia: _____

3. el tráfico congestionado a ciertas horas

    Causa: _____

    Consecuencia: _____

4. mucha / poca delincuencia en esta ciudad

    Causa: _____

    Consecuencia: _____

5. la construcción de nuevos rascacielos *(skyscrapers)* aquí

    Causa: _____

    Consecuencia: _____

6. la falta / la abundancia de policía

    Causa: _____

    Consecuencia: _____

Funciones y estructuras: *Expressing negation with negative words*

F. Allí, sí, pero allá, no.   Anita y Sarita are twins attending different universities in their freshman year. While Anita is having problems with the state of her dorm and the services provided, everything is fine for Sarita. In the following dialogue, Sarita tries to convince her mother that everything is fine. Fill in each blank with an appropriate negative word from the list.

nada / nadie / ni / ningún / ninguna / no / nunca

Julieta: Sarita, hija mía..., ¿qué tal todo allá? Acabo de hablar con Anita, ¡y su residencia es un desastre!

Sarita: No te preocupes, mamá. _____ hay _____ problema

aquí. Me encanta.

Julieta: Qué suerte tienes... Ay, ¡pobre Anita! La gente allí es tan antipática. _____

estudiante ayuda en limpiar la residencia, tocan fuerte los estéreos y dejan basura en el pasillo. No se

puede encontrar _____ al empleado encargado para quejarse.

Sarita: Pues, aquí los estudiantes y los empleados son superamables. _____ me molesta;

_____ hay mucho ruido y _____ sale sin sacar la basura.

Julieta: En la residencia de Anita, no se provee _____ cable _____

teléfono. ¡Ella tiene que ir al centro estudiantil para mirar televisión o llamarnos! ¿Te falta algo?

Sarita: Mamá, te juro, _____ necesito _____.

Julieta: Sarita, no lo entiendo. ¿Cómo pueden ser tan diferentes dos universidades?

Sarita: No hay _____ universidad completamente idéntica a otra. Cada una tiene sus

preferencias en cuanto a los servicios ofrecidos a los alumnos. ¿Qué va a hacer Anita?

Julieta: No estamos seguros. Obviamente, _____ quiere quedarse allí. Ella piensa volver a

casa mañana.

Sarita: Pues, la voy a llamar ahora. Buena suerte, mamá. Te quiero.

Julieta: Chao, Sarita.

Funciones y estructuras: *Making generalizations with indefinite words*

G. Preguntas.   Write the appropriate indefinite word from the list to complete each question. Then, respond to the question according to your experience.

algo / alguien / algún día / alguna vez / algunas / algunos

1. ¿Estuviste _____ más de tres horas en tráfico congestionado?

    _____

2. ¿_____ te ayudó con la tarea para una clase hoy?

    _____

3. ¿Piensas viajar a Costa Rica a estudiar _____?

    _____

4. ¿_____ profesores de tu universidad son muy díficiles?

_____

5. ¿Recibiste _____ muy especial al graduarte de la escuela secundaria?

_____

6. ¿Hay _____ policías en la universidad?

_____

H. La ciudad perfecta. In the plot of a new Hollywood movie, the perfect city has been constructed in a remote part of the Costa Rican rain forest. There are no crime, pollution, traffic problems, etc. Complete the sentences below to describe the scene (what does and does not happen) in the new city.

Modelo: No hay *altos edificios de miles de apartamentos porque no se permiten.*

¡La ciudad perfecta!

En esta ciudad, nadie _____

_____

_____.

Ni _____

ni _____

en la ciudad. Cada día, _____

_____

_____ y alguien

_____.

Algunas veces, _____

_____

_____

pero la gente nunca _____

_____

_____.

En fin, ¡es la ciudad perfecta
para Ud. y los suyos!

Funciones y estructuras: *Describing the past with the imperfect tense*

I. Las tradiciones. While growing up, many of our activities were determined by family traditions or customs. Using the imperfect, describe some of your family's traditional activities.

Modelo: Todos los años, todos los parientes *venían* a nuestra casa para *una reunión familiar en agosto.*

1. En diciembre, mi familia _____ (celebrar)

_____.

2. Durante el verano, _____ (nosotros—ir) _____ para

   _____ .

3. El Día de Independencia _____ (yo—gustar)

   _____ .

4. Los niños y jóvenes _____ (volver) a la escuela en

   _____ .

5. Generalmente, mi padre / madre (levantarse) _____ a las

   _____ , pero los sábados / domingos _____ (dormir) hasta

   _____ .

6. Cada _____ , _____ (haber) una fiesta para

   _____ .

J. De niña. Inez has written the following description of her typical activities during her elementary school days. Complete the paragraphs with the correct imperfect form of the appropriate verb from the list. **¡OJO!** Some of the verbs may be used more than once.

ayudar / castigar *(to punish)* **/ comer / correr / divertir / gustar / haber / hacer / jugar / mirar / necesitar / parecer / poder / saber / tener / volver**

De veras, no (1) _____ mucho la escuela. Casi siempre

(2) _____ clases aburridas, porque muchos de los maestros

no (3) _____ enseñar bien y no (4) _____ suficiente recuersos

para comprar los libros y computadoras que nosotros (5) _____ . Mi amiga íntima, Raquel,

me (6) _____ sobrevivir el aburrimiento. Ella me (7) _____ y

siempre me (8) _____ reír. ¡A veces los maestros nos (9) _____

por reírnos tanto!

Para hacer algo diferente después de las clases, yo (10) _____ al parque municipal

y (11) _____ deportes con otros niños del barrio. Nosotros (12) _____

béisbol, fútbol, lo que sea, toda la tarde hasta la hora de comer. Entonces

yo (13) _____ a casa, (14) _____ con mis padres, y después

nosotros (15) _____ uno o dos programas en la televisión. Durante la semana,

(16) _____ que acostarme a las 9:00, pero los fines de semana (17) _____

esperar hasta las 10:30.

En total, mi vida (18) _____ la de una niña típica, y nada más.

Síntesis

K. Cómo era y cómo es. Many cities in the U.S. have experienced monumental changes not only over the past century but within the past 15 to 50 years. Pick a U.S. city or town with which you are very familiar and describe how the city used to be and how it is now in relation to one of the following topics: **el transporte, la educación, la gente.**

Write two paragraphs on the topic you have picked. In the first, use the imperfect to describe how things used to be at a certain time in the past. In the second, use the present tense to describe how things are now.

Modelo: Los Ángeles
*Antes, en Los Ángeles, la gran mayoría de la gente era mexicana. No había mucha gente de origen europea...
Ahora, hay gente de todas las partes del mundo en Los Ángeles.*

Ciudad: _____   Tema: _____

_____

_____

_____

_____

_____

_____

_____

_____

_____

_____

Tema 2   Naturaleza

Vocabulario: La vida en el campo

L. Asociaciones.   Match each item on the left with the appropriate item on the right.

_____ 1. árbol	a.	bosque, selva
_____ 2. arena	b.	nadar, océano
_____ 3. bucear	c.	lago, río
_____ 4. esquiar	d.	montaña, invierno
_____ 5. isla	e.	océano, playa
_____ 6. montaña	f.	playa, desierto
_____ 7. pájaro	g.	La Amazona, África
_____ 8. pez	h.	verde, jardín
_____ 9. planta	i.	volar, árbol
_____ 10. selva	j.	volcán, valle

M. El tiempo libre. What recommendations for activities would you give to people going to the following places? Name two different activities for each place below.

Modelo: Si estás cerca de los lagos de Minnesota en julio, puedes *nadar* y *esquiar en el agua*.

1. Si vas a una playa en la Florida, puedes _____ y _____.

2. Si estás cerca de Vail, Colorado, en el invierno, debes _____ y

   _____.

3. Si visitas Hawaii tienes que _____ y _____.

4. Si quieres _____ y _____ puedes ir a un bosque cerca de la

   ciudad.

5. En Costa Rica, a los turistas les gusta _____ y _____ con

   frecuencia.

N. Una vida campesina. Complete the paragraph with the appropriate words from the list.

campo / cerdos / cosechar / criar / cultivar / cultivos / finca / gallinas / ganado / sembrar / trabajadores / vacas

La familia Ortiz tiene una _____ típica unas horas al sur de la ciudad de Guadalajara,

México. Los días están bien ocupados. El Sr. Ortiz y varios _____ se encargan de los

_____. Hay meses de trabajo que incluyen, primero, _____ las

semillas *(seeds),* _____ las plantas y al final de la estación, _____

todo. Mientras tanto, la Sra. Ortiz y los hijos tienen que _____ el _____.

Ellos tienen _____ para los huevos, _____ para la leche y unos

_____ enormes para el tocino, el jamón, etc. La vida en el _____

no es fácil, y cada uno tiene que cumplir su papel para asegurar lo bueno para la familia.

Funciones y estructuras: *Describing the past with irregular verbs in the imperfect*

O. Las vacaciones de mi niñez. What were the vacations that you used to take with your family as a child typically like? Relate some of that information here by completing the following sentences. Use the imperfect tense, and where you see a question mark, provide the logical information.

Modelos: Mientras muchos amigos (ir de vacaciones en ?)
iban de vacaciones en avión

mi familia siempre (viajar en ?)
viajaba en coche.

1. Para las vacaciones, normalmente mi familia (ir a ?)

   _____

2. Con frecuencia, nosotros (quedarse ?)

   _____

3. Allí, mis padres (?) mientras yo (?)

   _____

4. También (yo—gustar ?)

   _____

5. Nosotros (visitar a ?)

   _____

6. Al final, cuando (ser el día para salir) y nosotros (volver a casa), siempre (yo—estar)

   _____

Funciones y estructuras: *Expressing knowledge and familiarity with the verbs saber and conocer*

P. ¿Cuál será?   Write the correct form of the verb **saber** or **conocer** to complete each sentence.

Modelo: ¿*Sabe* Ud. el teléfono de la policía?

1. En las fincas, los trabajadores _____ mucho de los cultivos.

2. —¿_____ tú a la estudiante nueva de Puntarenas? Se llama Isabela y es muy guapa e inteligente.

   —Sí, la _____ muy bien. ¡Es mi prima!

3. Los bomberos _____ apagar los incendios.

4. Cada año yo _____ a nuevos estudiantes.

5. —El tráfico está muy congestionado, y nosotros no _____ de ninguna manera las carrreteras y calles de esta ciudad.

   —Me parece buena idea pararnos y buscar un mapa.

6. ¿_____ tú cuánto cuesta el gas cada mes en este apartamento?

7. Yo _____ tocar el piano bastante bien, pero hace muchos años que no toco mucho.

Síntesis

Q. Mi paisaje favorito.   Put together a list of questions that you could use to ask a Hispanic student about his/her preferences for the types of places he/she likes to visit. Write five to six general questions that would help you determine his/her likes/dislikes. Try to elicit information about the following:

- favorite geographical area
- typical activities done there
- when he/she visits that place

_____

_____

_____

_____

_____

_____

_____

_____

_____

Now, think about how *you* would answer these questions if you were interviewed by that same Hispanic student. Put your information together in a paragraph of three to four sentences.

_____

_____

_____

_____

Tema 3   Ecología

Vocabulario: La conservación del medio ambiente

R. Los dibujos.   Label the following illustrations with the correct word from the list.

Modelo: *ecosistema*

ecólogo / ecosistema / especies / extinción / fauna / guardaparques / investigar / reciclar / recursos naturales / reforestar / reserva biológica

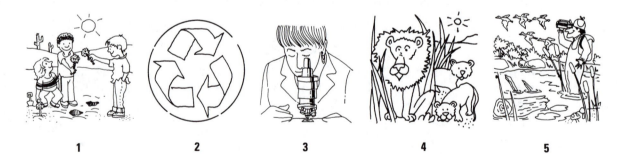

| 1 | 2 | 3 | 4 | 5 |

1. _____

2. _____

3. _____

4. _____

5. _____

6. _____

7. _____   9. _____

8. _____   10. _____

Funciones y estructuras: *Indicating location with demonstrative adjectives and pronouns*

S. Los demostrativos. Remember that in Spanish you can indicate relative distance by using the various forms of the demonstrative adjectives **este, ese, aquel.** Look at the statements below, which might be said by a typical Hispanic park ranger to a group of visitors. According to each statement, complete the sentences with the correct form of the appropriate demonstrative adjective.

Modelo: *Aquellos* ciudadanos necesitan reciclar más, o vamos a tener problems con la basura en el futuro. *(very far)*

1. Here, the ranger indicates that the items are fairly close in location *(aquí)*.

   a. Me gustaba leer _____ libro sobre la naturaleza cada verano de niño. Me impresionó tanto que ahora soy guardaparques.

   b. _____ vacas aquí no deben entrar en la reserva, pero a veces sí lo hacen.

   c. A veces usamos _____ helicópteros para llevarnos a partes lejanas de la selva.

   d. Estimadas señoras: pueden comprar _____ fotografía famosa del volcán en la tienda del segundo piso.

2. Now, the ranger indicates that all are farther away than before *(allí)*.

   a. Me gustaba leer _____ libro sobre la naturaleza cada verano de niño. Me impresionó tanto que ahora soy guardaparques.

   b. _____ vacas allí no deben entrar en la reserva, pero a veces sí lo hacen.

   c. Usamos _____ helicópteros para llevarnos a partes lejanas de la selva.

   d. Estimadas señoras: pueden comprar _____ fotografía famosa del volcán en la tienda del segundo piso.

3. Finally, the ranger makes it evident that all are very far away *(allá lejos)*.

   a. Me gustaba leer _____ libro sobre la naturaleza cada verano de niño. Me impresionó tanto que ahora soy guardaparques.

   b. _____ vacas allá no deben entrar en la reserva, pero a veces sí lo hacen.

   c. Usamos _____ helicópteros para llevarnos a partes lejanas de la selva.

   d. Estimadas señoras: pueden comprar _____ fotografía famosa del volcán en la tienda del segundo piso.

T. ¡No, no, no! David, a Spanish student from the U.S., is working as a "guide-in-training" for a Costa Rican travel group specializing in nature trips. Since David's trainer, Pedro, tends to correct his mistakes, fill in Pedro's correction with the correct demonstrative pronoun in the following exchanges between them.

Modelo: David: Y más tarde, vamos a visitar estas reservas biológicas al final del verano.
Pedro: ¡No, no, no! ¡Visitamos *aquéllas (those far away)* cerca de Puntarenas!

1. David: Vamos a pasar unas horas en esta granja. Uds. pueden picar *(to pick)* esas manzanas que se cultivan en el valle, si quieren probar la fruta de la granja.

   Pedro: ¡No, no, no! Si ellos quieren manzanas, hay que recoger _____ *(these here)* cerca de la casa.

2. David: Ahora vamos a parar y descansar. Tenemos un almuerzo preparado para Uds. en este restaurante aquí.

   Pedro: ¡No, no, no! Es en _____ *(that one)*, al otro lado de la calle.

3. David: ¡Allá, muy lejos, pueden ver la montaña Platanar!

   Pedro: ¡No, no, no! Platanar es _____ *(this one here)*; _____ *(that one far away)* se llama Cerro Negro.

4. David: Aquí en esta plaza Uds. pueden ver un grupo de profesores de la universidad, aquí para hacer investigaciones.

   Pedro: ¡No, no, no! Son todos empleados de la ciudad aquí para un congreso sobre la seguridad en las ciudades. _____ *(these here)* son bomberos; _____ *(those there)* basureros; y _____ *(those further away)* son paramédicos.

5. David: Aquí en Costa Rica hay una gran variedad de animales exóticos. Miren, ¡qué caballos tan extraños!

   Pedro: ¡No, no, no! Creo que necesitas gafas nuevas. _____ *(those there)* son vacas mientras _____ *(those there)* son toros. Y allí lejos, ¡_____ es un caballo!

Funciones y estructuras: *Talking about the past with verbs that change meaning in the preterit*

U. Traducción. Determine whether to use the present or preterit tense of the verbs **conocer, poder, querer, saber** and the correct form of the appropriate verb.

Modelo: Los naturalistas *(tried to)* salvar los animales, pero no tuverion éxito. *quisieron*

1. Por fin, ¿*(were you able to)* tú encontrar los boletos de avión? _____

2. El ministerio *(refused)* vender las tierras del parque nacional. _____

3. La empresa petroquímica *(wants to)* comprar las tierras para explotar los recursos naturales.

    _____

4. La gente *(met)* al ecólogo famoso al congreso que se celebró en enero. _____

5. Los guardaparques *(found out)* que los turistas destruían mucha flora al acampar en el parque.

    _____

6. Nosotros no *(cannot)* esperar el viaje a Costa Rica este verano. _____

7. Todo el mundo *(knows)* que es necesario proteger al medio ambiente. _____

8. Yo *(know)* a muchos estudiantes de Costa Rica. _____

Síntesis

V. Problema de la basura. While a delight for many naturalists, Costa Rica still has to deal with the problems that confront many countries today. Follow the instructions below in order to comprehend as much of this article as possible.

Problema de la basura sin control en Río Azul
Los vecinos de los alrededores del botadero dieron plazo hasta el 31 de diciembre,
para que las municipalidades cierren el lugar.
AQUILLEO SANCHEZ VIQUEZ
La República

Trescientos camiones depositan a diario más de 600 toneladas métricas de basura de la mayor variedad, en el botadero de Río Azul. El inadecuado tratamiento que reciben los desechos en el sitio ocasiona el surgimiento de una montaña fétida, en la que únicamente zopilotes y moscas pueden estar a gusto.

El desfile diario de camiones, que se inicia antes de las 7 a.m. y culmina luego de las 10 p.m., deja su huella en el ambiente: los camiones compactadores chorrean a lo largo de la carretera un hilo líquido de «escencia de basura», que aparte de suciedad, provoca la impregnación del mal olor en el suelo.

Desde un kilómetro antes de la entrada al depósito, el olor «unos días a basura, otros días a pescado» —como dice la vecina del lugar Julia Abarca— inunda la atmósfera del pueblo de Río Azul, donde los niños son los principales perjudicados, en vista de que les cuesta mucho concentrarse en el estudio y soportar a la vez el mal olor.

El ejecutivo municipal de San José, Johnny Araya, anunció un plan emergente para corregir la situación.

El botadero de basura de Río Azul sería administrado por una empresa que elaboraría un plan de trabajo y un presupuesto de operación, cuyo financiamiento saldrá de un nuevo régimen de tarifas para la recolección y tratamiento de los desechos.

Entre otras medidas que deberán ser adoptadas inmediatamente:

*   la utilización de una compactada, que reducirá en un 50 por ciento el volumen de la basura
*   darle tratamiento a las aguas que escurren de la basura y a los gases que libera el material
*   la recuperación de la zona verde en el área
*   rodear el campo con una malla

Araya destacó que para llevar a cabo la tarea será necesario aumentar por lo menos a $5 el costo por tonelada tratada, que pagan las municipalidades y traspasar el cobro a la población mediante una ley, utilizando los recibos de la electricidad.

Dijo el ejecutivo que la población de Río Azul, contrario a lo que afirman, deberá comprender que el botadero de basura es un problema nacional en el que tanto el gobierno como las municipalidades están comprometidas para lograr una solución.

Antes de leer

1. Look at the photo, and study only the headline and subtitle. What do you think this article will describe? Check the following words that most likely relate to the information in the article.

_____ agua   _____ isla

_____ bucear   _____ mercado

_____ contaminación   _____ museo

_____ desperdicio   _____ policía

_____ gallinas   _____ salud

2. Scan the article, underlining all cognates and words that you believe you understand. Then make a list of all the cognates that express negativity and that indicate that this article is about an environmental problem in Costa Rica.

en español   **¿en inglés?**

_____   _____

_____   _____

_____   _____

_____   _____

_____   _____

_____   _____

_____   _____

_____   _____

_____   _____

_____   _____

_____   _____

A leer

Now read the article completely, trying to understand as much as you can.

Después de leer

3. Read the statements below and then circle **cierto** or **falso,** according to the information you read.

   a. cierto falso   There is much concern regarding how the landfill is affecting the health of senior citizens in Río Azul.

   b. cierto falso   More than 100 trucks a day bring garbage to the Río Azul landfill.

   c. cierto falso   The city of Río Azul will absorb the costs of the improvements needed for the landfill.

   d. cierto falso   Luckily, the negative impact has been limited to just the landfill site.

   e. cierto falso   Araya's plan includes treating the water leaking from the landfill.

4. Identify three words used to express the idea of "landfill/dump."

   _____

5. Describe in Spanish a problem that your university, city, or region has that gravely affects a large number of people. Include the following information.

   • what the situation was beforehand
   • what happened/what is the current case
   • what should be happening now to correct the problem

   Write five to six sentences in Spanish.

   _____
   _____
   _____
   _____
   _____
   _____
   _____
   _____
   _____
   _____
   _____
   _____
   _____
   _____
   _____
   _____

Autoexamen

I. Vocabulario

A. ¡Adivina!   Select the word or phrase that best answers the question or completes the sentence.

_____ 1. La Sra. Ramírez trabaja en una reserva biológica. ¿Cuál es su profesión?
a. Es ecóloga.   b. Es escultora.   c. Es campesina.

_____ 2. Los huevos proceden de...
a. la contaminación   b. las gallinas   c. los toros

_____ 3. ¿Cómo podemos proteger los refugios silvestres?
a. Emplear a unos guardaparques.   b. No hacer nada.   c. Instalar más sistemas de alcantarillado.

_____ 4. ¿Cuál es el problema principal de su ciudad?
a. La luz.   b. La cosecha.   c. El tráfico.

_____ 5. Cuándo éramos niños, vivíamos en... edificio de apartamentos allí.
a. ese   b. esta   c. aquéllos

B. ¿Cuál es diferente?   For each of the following groups, select the item that does not belong to the group, and then write in English how it is different from the others.

1.   arena   río   lago   mar

_____

2.   conservar   mantener   reciclar   extinguirse

_____

3.   agua   basurero   gas   cable

_____

4.   cosechar   cultivar   alimentar   sembrar

_____

5.   barrio   casa   apartamento   parque

_____

6.   perro   toro   cerdo   caballo

_____

II. Estructuras

C. ¿Cómo debe ser?   Complete each sentence with the correct form of the word in parentheses. **Note:** If it is a verb, use the present, preterit, or imperfect tense.

1. En 1978 yo _____ sólo cuatro años. (tener)

2. ¡Qué sorpresa! No veo _____ tráfico en las carreteras hoy. (ninguno)

3. Recuerdo muy bien el día en el que _____ a mi esposo futuro: fue el 27 de septiembre de 1986. (conocer)

4. Tus abuelos vivían en una finca, ¿verdad? ¿_____ tú allí mucho para pasar las vacaciones? (ir)

5. _____ río en la distancia se llama el Río Grande. (este/ese/aquel)

6. ¿Hace cuánto tiempo _____ Uds. tocar las guitarras? (saber)

7. ¿Sacaste _____ fotos cuando visitaste el parque nacional? (alguno)

8. Durante todo el año pasado nosotros _____ planes para hacer una excusión a la selva, pero a la última hora, no _____ ir. (hacer, poder)

9. De niña, yo _____ ser naturalista, así _____ mucho la ciencia, especialmente la biología. (querer, estudiar)

10. Cuando trabajaba en la granja de la familia Acosta, ¿cuántos caballos _____ en el campo? (haber)

III. Cultura

D. ¿Sabes la respuesta? Answer the following questions about Costa Rica.

1. ¿Cuál presidente de Costa Rica ganó el Premio Nobel de la Paz en 1987? _____

2. ¿Cómo se llaman los costarricenses los unos a los otros? _____

3. ¿Qué es la capital de Costa Rica? _____

4. ¿Cuál producto agrícola es una de las exportaciones más importantes de Costa Rica?

   _____

5. ¿Cómo se llama uno de los dos volcanes famosos (mencionados en el texto) cerca de la capital de Costa Rica? _____

IV. Un poco de todo

E. Programas cívicos. In the U.S., both public and private schools have been leaders in teaching young people about civic participation, especially in terms of social issues. Most schools now instruct their students to be environmentally aware, hoping that school activities to "save the environment" form life-long habits.

In your academic experience, what was done to teach students about the environment? What did you do personally to incorporate that school information into practice? In about five sentences in Spanish, describe any activities in which you used to participate, on certain occasions participated, and what you do now to be environmentally aware.

_____

_____

_____

_____

_____

_____

_____

_____

_____

_____

_____

_____

_____

_____

_____

Cuaderno de ejercicios

Cambios

Tema 1 Mi Cuba querida

Vocabulario: Nostalgia

A. La primera mudanza.   Completa el siguiente párrafo con la forma más apropiada de los verbos de la lista.

salir / volver / extrañar / mudarse / olvidarse

Cuando me mudé de mi casa por primera vez, yo _____ mucho a mis

amigos. Quería visitarlos, pero cuando mi familia y yo _____ de esa casa,

nosotros _____ de darles nuestra dirección nueva a ellos. Ahora yo no necesito

_____ al barrio a verlos, porque por fortuna, muy poco después de nuestra mudanza,

ellos _____ muy cerca de nosotros. Ahora vivimos muy cerca de ellos otra vez.

B. La ruta turística cubana dedicada a Hemingway.   Sigue los pasos siguientes para entender el artículo.

Antes de leer

1.   ¿Qué sabes ya sobre la relación entre el escritor Hemingway y Cuba? Escribe **C (Cierto)** o **F (Falso)** en cada espacio.

_____ a.   Hemingway escribía sobre Cuba en sus cuentos y novelas.

_____ b.   Durante su vida, Hemingway se iba frecuentemente a Cuba.

_____ c.   Hemingway era originalmente de Cuba.

_____ d.   En los años 60, Hemingway echaba de menos mucho a Cuba.

A leer

2.   Dale una mirada *(Scan)* al artículo y subraya toda la información que entiendas. Después vuelve a mirar el artículo otra vez y haz una lista de todos los verbos en el pretérito y el imperfecto que encuentres.

a. Verbos pretéritos: _____

b. Verbos imperfectos: _____

La ruta turística cubana dedicada a Hemingway

Por MIREYA NAVARRO

© 1999 N.Y. Times News Service

COJIMAR, Cuba, 20 de abril de 1999: Gregorio Fuentes tiene 101 años de edad, pero todavía recibe a los visitantes en la pequeña sala de su casa en esta población para contarles relatos acerca de Ernest Hemingway. Durante más de 20 años, Fuentes fue el capitán del bote pesquero de Hemingway, *Pilar,* que en ocasiones estaba anclado en este pueblo pesquero en las afueras de La Habana.

Fuentes es parte integral de la ruta turística cubana dedicada a Hemingway, un estadounidense que Cuba muestra a todos como un tesoro nacional, pese a 40 años de hostilidad entre el gobierno de Fidel Castro y el de Estados Unidos.

Hemingway, quien vivió, escribió, bebió y pescó en esta isla intermitentemente entre 1932 y 1960, es difícil de evadir en Cuba. Sus libros se venden en las tiendas al lado de las obras del Che Guevara. Su imagen adorna camisetas y un busto de bronce de él, donado por pescadores locales, ve hacia el mar desde una pequeña rotonda aquí.

Una gira *(tour)* de los lugares que recuerdan a Hemingway, entre ellos la lujosa propiedad en las afueras de La Habana donde el escritor vivió con Martha Gellhorn y Mary Welsh, sus tercera y cuarta esposas, cuesta entre 15 y 40 dólares por persona. Sin embargo, los visitantes estadounidenses y algunos miembros de la familia Hemingway notan una reverencia especial para este hombre en territorio enemigo, una apropiación personal por parte de los cubanos de un gran escritor que optó por celebrar a su país en su prosa.

El rompimiento de Washington con La Habana, una tragedia para Hemingway

Cuando la Guerra Fría y el rompimiento de Estados Unidos con Cuba después de la revolución de 1959 interfirieron con este idilio, «fue una gran tragedia para nuestra familia», dice Patrick Hemingway, de 70 años, uno de los hijos del escritor. «Realmente amaba Cuba, y creo que fue un gran impacto para él, a su edad, tener que elegir entre su patria, que era Estados Unidos, y su hogar, que era Cuba.»

Hoy en día, buena parte de la vida de Hemingway en la isla —donde la Iglesia Católica guarda la medalla del Premio Nobel que obtuvo en Literatura en 1954— está documentada con fotografías que cuelgan de los muros de su casa y de los bares y restaurantes que frecuentaba, como El Floridita en la Vieja Habana y La Terraza en Cojimar. Otras imágenes muestran a Hemingway divirtiéndose con gente como Errol Flynn y Gary Cooper. Pero era su falta de pretensiones, pese a su enorme fama, lo que hace que el escritor sea particularmente amado por muchos cubanos. «Era un hombre muy sencillo», dice Evelio González, guía de turistas en la casa sobre una colina que Hemingway compró en 1940, conocida como Finca Vigía. «Sus amigos eran pescadores. Nunca se relacionó con la alta sociedad.» Afuera, se encuentra el yate pesquero *Pilar,* donado al museo por Fuentes, a quien el escritor se lo legó *(left in his will).*

Fuentes, compañero constante del escritor en sus correrías

Fuentes dice que conoció a Hemingway en 1928 en Dry Tortugas cerca de Florida, cuando ambos fueron atrapados por una tormenta. En 1934, después de que Hemingway visitó Cuba en varias ocasiones, dice Fuentes, «me dijo: ‹Estoy construyendo un bote y quiero que tú trabajes conmigo y seas el capitán›.» Desde aquél entonces, Fuentes era, al mismo tiempo, el capitán y el cocinero, y se convirtió en un compañero constante del escritor.

Desde la muerte de su amigo, dice Fuentes, no ha trabajado como capitán para nadie más. Y tampoco ha pensado en escribir su propio libro acerca de sus años con Hemingway. «Tengo muchos secretos, pero nunca revelaré ni un secreto aunque me dieran todo el dinero del mundo.»

Después de leer

3. Vuelve al Ejercicio 1 y corrige tus respuestas, basándote en cualquier nueva información que hayas encontrado *(you may have found)*.

4. Empareja *(Match)* las descripciones con los lugares y personas apropiadas que se relacionen con la vida de Hemingway en Cuba.

   _____ a. la Finca la Vigía   1. la capital de Cuba

   _____ b. Mary Welsh   2. un bar en la Habana

   _____ c. Gregorio Fuentes   3. la casa donde vivía Hemingway

   _____ d. *Pilar*   4. el bote de Hemingway

   _____ e. Cojimar   5. donde vive ahora Fuentes

   _____ f. El Floridita   6. una esposa de Hemingway

   _____ g. La Habana   7. el amigo y capitán de Hemingway

5. Escribe un párrafo completo que incluya las respuestas a las siguientes preguntas sobre la vida de Hemingway en Cuba.

   • ¿Cuál era la patria de Hemingway?

   • ¿Cuándo vivía en Cuba Hemingway?

   • ¿Qué le gustaba hacer a Hemingway en Cuba?

   • ¿Regresó alguna vez Hemingway a Cuba después de la revolución?

   • ¿Añoraba a Cuba en los últimos años?

   • ¿Cómo es la reputación de Hemingway hoy en día en Cuba?

   _____

   _____

   _____

   _____

   _____

   _____

Funciones y estructuras: *Verbs like gustar*

C. Reacciones. Completa cada oración con la forma verbal correcta del verbo más apropiado de la lista.

Modelo: A mí me gustan los huevos, pero a mi hermana le *encantan;* ella los prepara todos los días.

doler / faltar / interesar / molestar / parecer / quedar

1. A Lucia no le _____ vivir en una ciudad muy grande.

2. Después de investigar muchos apartamentos y casas, a nosotros nos _____ la cabeza.

3. A Tomás y Anita sólo les _____ unos pocos días antes de mudarse a una ciudad nueva.

4. ¡No me gusta vivir aquí! Cuando salgo al anochecer los mosquitos no solamente me

   _____ sino que me pican también.

5. A mi padre no le _____ muy importantes los asuntos financieros, por eso no tiene el dinero para comprar una casa nueva.

6. A mi marido y yo nos _____ el dinero para comprar una casa de vacaciones.

D. La vida universitaria. Empareja cada frase de la columna A con una de la columna B para hacer oraciones lógicas sobre lo que haya cambiado *(may have changed)* en tu vida desde que te fuiste de la casa de tu niñez.

A	B
_____ 1. No me importa para nada	a. la comida preparada por mamá.
_____ 2. Me hace falta mucho	b. salir con mis amigos cuandoquiera.
_____ 3. Me parece difícil	c. hacer la lavandería.
_____ 4. Ahora me encanta	d. vivir con muy poco dinero.
_____ 5. Me molesta mucho	e. hacer la cama.

E. Dime cómo eres. Tú y uno(a) de tus compañeros están conociéndose. Contesta sus preguntas.

Modelo: —A mí me encanta escuchar la música latina. ¿A ti también?
—*No, a mí me encanta la música jazz.*

1. —A mí me interesa mucho conocer otras culturas. Y a ti, ¿qué te interesa?
   —_____

2. —A mí me preocupan las posibilidades de empleo para los jóvenes de hoy. ¿A ti también?
   —_____

3. —A mí me molesta la falta de estacionamiento aquí. ¿A ti también?
   —_____

4. —A mí me fascinan las lenguas extranjeras. ¿A ti también?
   —_____

5. —A mí me gusta la comida italiana. ¿A ti también?
   —_____

Funciones y estructuras: *Making generalizations with the neuter article lo with adjectives*

F. De casa a la universidad. Completa las siguientes oraciones, basándote en tus experiencias personales.

Modelo: Lo peor de asistir a la universidad es *el precio del estacionamiento que tengo que pagar.*

1. Lo más divertido de la vida universitaria es _____.

2. Lo más fácil es _____.

3. Lo más sorprendente es _____.

4. Lo peor es _____.

5. Lo más caro es _____.

G. ¿Cómo es la vida de béisbolista? Tú eres un periodista que habla español y tu primer trabajo consiste en volar a Nueva York a entrevistar al famoso lanzador cubano Orlando «El Duque» Hernández. Empareja cada pregunta con la respuesta apropiada.

_____ 1. ¿Qué es lo mejor de ser pelotero famoso?

_____ 2. ¿Qué es lo peor de vivir en el ojo del público?

_____ 3. ¿Qué fue lo más difícil de salir de su patria?

_____ 4. ¿Qué es lo más sorprendente de su vida ahora?

_____ 5. ¿Qué es lo mejor de la vida neoyorquina?

a. Extraño mucho a mi familia.

b. La comunidad hispánica aquí me apoya mucho.

c. Mi profesión es un deporte. ¡Qué divertido!

d. El paparazi me sigue a todas partes.

e. La cantidad de dinero que gano en EEUU.

Síntesis

H. ¿Qué recuerdas? ¿Cómo compararías la casa de tu niñez con tu casa de ahora? Completa las siguientes oraciones, basándote en tu propia experiencia.

Atajo

Phrases/Functions: Describing parts of a house
Vocabulary: House

Modelo: Lo que recuerdo más de mi casa de niñez es *el jardín trasero porque siempre jugaba afuera* y lo que me gusta más de donde vivo es *que puedo caminar a mis clases y al supermercado.*

1. Lo bueno de la casa de mi niñez era _____

   mientras que lo malo de esa casa era _____.

   Ahora, lo bueno de donde vivo es _____

   mientras que lo malo es _____.

2. Lo más divertido de vivir allá era _____

   pero lo asustoso *(scary part)* de la casa era _____.

   Ahora, lo más divertido de aquí es _____

   mientras que lo asustoso es _____.

3. Lo bueno de mi dormitorio en esa casa era _____

   pero lo inconveniente era _____.

   Lo bueno de mi dormitorio ahora es _____

   pero lo inconveniente es _____.

Tema 2   Es hora de partir

Vocabulario: Preparativos para una mudanza

I. Asociaciones. Escoge la palabra que <u>no</u> pertenece *(belong)* a cada uno de los siguientes grupos relacionados con la mudanza. Después explica por escrito en inglés cómo la palabra es diferente de las otras del grupo.

1. transporte   caja   empacar   marcar   desempacar

_____

2. apartamento   alquilar   coche   camión   traslado

_____

3. embalaje   envolver   plástico de burbujas   bodega   cinta

_____

4. mudanza   trasteo   traslado   avaluo   mudarse

_____

5. empacar   envolver   marcar   montar   manta

_____

J. El proceso es duro. Forma oraciones completas, usando las palabras siguientes. Conjuga los verbos y añade (*add*) los artículos definidos y las preposiciones donde sea necesario.

Modelo: empacadores / marcar / cajas / rotulador
                Los empacadores marcan las cajas con un rotulador.

1. tijeras / cortar / cinta

_____

2. compañía / trasladar / empleados

_____

3. empacadores / montar / cajas / camión

_____

4. clientes / guardar / menaje / bodega

_____

Funciones y estructuras: *Expressing purpose or reason with the prepositions por and para*

K. Completar la frase.   Empareja cada frase de la columna izquierda con la frase de **por** o **para** que sea más apropiada de la columna derecha.

_____ 1. Salieron...   a. para el lunes.

_____ 2. En ruta a la casa nueva en Los Ángeles, pasaron...   b. para nosotros.

_____ 3. Vendió su casa...   c. para su casa nueva ayer.

_____ 4. Todo el plástico de burbujas es...   d. por poco dinero.

_____ 5. Para despedirnos, antes de salir pensamos pasar...   e. por diez años ya.

_____ 6. Vivimos en este barrio...   f. por ayudarnos con la mudanza.

_____ 7. Fui a la bodega...   g. por la compañía de mudanzas.

_____ 8. Le agradeció a su padre...   h. por las montañas.

_____ 9. La cotización final fue hecha...   i. por más cajas.

_____ 10. Tenemos que tener todo empacado y marcado...   j. por tu casa.

L. ¿Por o para? Completa las oraciones siguientes con **por** o **para.**

Modelo: Cuando me mudo a España, no voy *por* barco sino *por* avión.

1. La mudanza va a ser más difícil _____ la lluvia.

2. Las tijeras son _____ cortar la cinta.

3. Elisa tiene clases _____ la tarde, así no podemos salir hasta las siete.

4. Este contenedor es _____ todo del garaje.

5. El plástico de burbujas es _____ empacar el menaje.

6. El camión tuvo que pasar _____ el jardín.

7. Esta compañía es famosa _____ tener empacadores muy cuidadosos *(careful)*.

8. Debemos agradecerles *(to thank)* a nuestros amigos _____ todo su apoyo *(support)* al mudarnos.

9. ¡Voy a faltar al trabajo _____ una semana _____ tener que desempacar todo!

Funciones y estructuras: *Indirect object pronouns*

M. Pasatiempos. Completa cada oración con el pronombre de complemento indirecto apropiado **(me, te, le, nos, les).**

Modelo: A mí no *me* gusta mucho mirar la televisión.

1. A mis amigas _____ fascina el arte de cocinar.

2. ¿A ti _____ gusta bailar la salsa?

3. A mucha gente _____ gusta mirar el fútbol.

4. A los peloteros _____ encanta tirar la pelota.

5. ¿A su mamá _____ interesa ir de compras?

6. A los bomberos _____ toca apagar los fuegos.

7. A nosotros _____ parece fácil el español.

8. A Gloria Estefan _____ gusta mucho cantar.

N. El tiempo vuela. Escoge cinco de los siguientes acontecimientos *(events)* e indica: cuánto tiempo hace que ocurrió cada uno (usa la expresión **hace +** expresión de tiempo), quién estaba implicado *(involved)* y por qué ocurrió.

Modelo: alguien te mandó flores
Hace dos meses mis padres me mandaron flores para mi cumpleaños.

Alguien... te escribió correo electrónico (una carta) / te dijo gracias / te pidió dinero (perdón) / te dio un regalo

Tú... le compraste a alguien un regalo / le prestaste ropa (dinero, el coche) a alguien / le ayudaste a alguien

1. _____

2. _____

3. _____

4. _____
5. _____

Síntesis

O. El esfuerzo comunitario. Tienes que escribir un informe acerca de un esfuerzo de la comunidad para ayudar a inmigrantes recién llegados a tu área. Usa elementos de cada columna para describir quién ayudó a quién y en qué forma. Escribe dos oraciones para cada persona o grupo de la primera columna.

Modelo: una familia chilena + los estudiantes universitarios + cocinar y llevar la cena
Los estudiantes universitarios cocinaron y llevaron la cena a la familia chilena.

Inmigrantes	Voluntarios	Necesidades particulares
una estudiante guatemalteca	las enfermeras del hospital	pagar las cuentas de electricidad y teléfono el primer mes
unos médicos colombianos	las residentes	pedir ayuda con su tarea en la clase de español
unos refugiados cubanos	las iglesias	enseñar frases útiles en inglés para la sala de urgencia
una familia chilena	el juez en tribunal	contestar sus preguntas sobre el sistema judicial
	los paramédicos	comprar libros y diccionarios en inglés
	los estudiantes de español	decir las leyes y el proceso legal
	las familias interesadas	mostrar unas casas en varios barrios
	el policía	mostrar el transporte colectivo de la universidad
	los estudiantes universitarios	enseñar a llamar 911

1. _____
2. _____
3. _____
4. _____
5. _____
6. _____
7. _____
8. _____

Tema 3   ¡A establecer un nuevo hogar!

Vocabulario: Los bienes raíces

P. Definiciones. Empareja cada palabra de la primera columna con su definición de la segunda columna.

_____ 1. los planos   a. el negocio de vender o comprar propiedades

_____ 2. la hipoteca   b. los pagamentos mensuales por la casa

_____ 3. el contrato   c. la localidad de la casa

_____ 4. la propiedad   d. la persona que le ayuda a comprar o vender la casa

_____ 5. el préstamo   e. un documento legal que contiene la cuota inicial

_____ 6. el/la agente   f. el dinero que se toma prestado de un banco

_____ 7. la ubicación   g. un porcentaje del valor de la casa

_____ 8. los bienes raíces   h. un documento de dibujos que illustran el interior de la casa

_____ 9. los términos de financiamiento   i. un documento bancario que contiene los pagamentos mensuales

_____ 10. la cuota inicial   j. una casa o un condominio y la tierra que se compra o vende

Vocabulario: Transacciones bancarias

Q. ¡Vamos al banco! Completa cada oración con la palabra apropiada de la lista a continuación.

el cajero automático / el extracto / el saldo / invertir / la chequera / la clave secreta / una consignación / un certificado de depósito a término

1. Si el banco está cerrado cuando necesita depositar o retirar dinero, hay que usar

    _____ .

2. Después de hacer _____, es bueno averiguar *(ascertain)*

    _____ de la cuenta corriente también.

3. Es necesario recordar _____ para usar el cajero automático.

4. Si hay una diferencia en el saldo entre tu _____ y

    _____ que el banco le manda a Ud., llama al banco inmediatamente.

5. Es común _____ el dinero en _____ pero, tenga cuidado: no se puede usarlo hasta que llegue a término.

Funciones y estructuras: *Talking about the past with the preterit and the imperfect*

R. Las visitas de la niñez. Recuerda que en español los dos tiempos verbales que se usan *(are used)* principalmente para narrar una historia son el pretérito y el imperfecto. El pretérito se usa para expresar acciones completas, mientras que el imperfecto se usa más que todo para describir acciones habituales en el pasado, para dar descripciones y para referirse a acciones pasadas en proceso *(in progess)*.

Lee las siguientes descripciones y escoge la forma correcta del verbo entre paréntesis, el pretérito o el imperfecto, según el contexto.

1. Si (llovió, llovía) durante las vacaciones en la playa, mis amigos y yo (nos quedamos, nos quedábamos) adentro

    y (jugamos, jugábamos) en la casa. Un verano, (llovió, llovía) toda la semana y yo (leí, leía) tres novelas de

    Michael Crichton en seis días.

2. Cuando yo (tuve, tenía) cinco años yo (fui, iba) a visitar a mi tío Manolo. En aquel tiempo, él (vivió, vivía) cerca de Savannah y (tuvo, tenía) un apartamento pequeño. Siempre cuando yo (estuve, estaba) con él, nosotros (nos divertimos, nos divertíamos) mucho.

3. Cuando mis abuelos nos visitaban, ellos siempre (trajeron, traían) regalos. Pero una vez ellos (se olvidaron, se olvidaban) y por eso nos (llevaron, llevaban) a una tienda de juguetes.

4. Un invierno, los primos paternos nos (visitaron, visitaban). Por toda la semana, (nevó, nevaba) cada día y, en general, (hizo, hacía) mal tiempo; así, nosotros no (pudimos, podíamos) salir de la casa. Desde el principio, todos nosotros (comenzamos, comenzábamos) a pelear *(to fight)*. Luego, los niños pequeños (lloraron, lloraban) y los mayores (gritaron, gritaban). Por fin, los adultos nos (mandaron, mandaban) salir de la casa y jugar por 30 minutos afuera. Después de eso, todo (resultó, resultaba) muy bien.

5. De niño, mi familia siempre iba de visitas en coche. Normalmente, cuando mi papá (se perdió, se perdía) al conducir, él nunca (pidió, pedía) ayuda con el mapa. Sin embargo, yo recuerdo un episodio diferente. Como siempre, por fin (nos perdimos, nos perdíamos). Mientras papá (miró, miraba) el mapa, mi mamá (se enojó, se enojaba) *(got mad)* más y más. Finalmente, ella (bajó, bajaba) del coche, (se acercó, se acercaba) a un hombre en la calle y le (pidió, pedía) la ruta correcta.

S. La casa de niña. Completa la siguiente descripción con la forma correcta del pretérito o del imperfecto de los verbos entre paréntesis.

De niña mi familia y yo _____ (vivir) en una casa de ladrillo en las afueras de una ciudad.

La casa _____ (ser) bastante grande para mí, pero yo sólo _____

(tener) cuatro años. Nuestra casa _____ (estar) muy cerca del aeropuerto también.

Todos los días mi hermana y yo _____ (jugar) en el césped trasero.

Nosotras _____ (aprender) mucho sobre la naturaleza mientras

_____ (pasar) tanto tiempo afuera. Recuerdo un día mientras nosotras

_____ (correr) por el cesped jugando al *escondite (playing hide-and-seek),* de

repente yo _____ (sentirse) un dolor muy agudo *(sharp)* en el pie. Yo

_____ (mirar) al pie y _____ (ver) una abeja *(bee)* todavía

en mi pie. El dolor _____ (ser) tremendo al punto de picarme. En aquel

momento _____ (saber) cómo es el dolor de una picadura de abeja. ¡Ay de mí!

Yo sólo _____ (poder) gritar corriendo dentro de la casa, y cuando mi mamá

me _____ (oír), por supuesto yo le _____ (dar) miedo a

ella. Pero ella me _____ (calmar) y _____ (tratar) la picadura

rápidamente. Uno nunca se olvida de la primera vez que una abeja le pica.

Nombre _____ Fecha _____

Funciones y estructuras: *Referring to the immediate past with acabar de plus infinitive*

T. Pero, ¡acabo de hacerlo! Empareja las transacciones con los términos bancarios.

Modelo: Ahora tengo $30; *acabo de retirar dinero del cajero automático.*

    a. acabo de olvidarme de la clave secreta.   d. acaba de balanzar su chequera.

    b. acaba de usar su tarjeta de crédito.   e. acaba de ir a la sucursal más cercana.

    c. acaba de depositar dinero.

_____ 1. Mi amigo consiguió un recibo de la dependienta en el banco;

_____ 2. Teresa cargó toda la ropa en el almacén;

_____ 3. La cuenta corriente contiene el saldo correcto;

_____ 4. Estrella abrió una cuenta de ahorros;

_____ 5. No puedo retirar dinero del cajero automático;

U. El hogar nuevo. Usa el pretérito para escribir la pregunta después de cada afirmación.

Modelo: Acabo de ver por primera vez toda la familia. (hacerles preguntas)
    ¿Les hiciste muchas preguntas?

1. La familia cubana acaba de comprar una casa nueva. (mudarse)

    ¿_____?

2. Los niños acaban de visitar la escuela nueva. (conocer)

    ¿_____?

3. La madre acaba de volver del primer día al empleo nuevo. (trabajar)

    ¿_____?

4. Acabamos de llevarles un pastel. (prepararles)

    ¿_____?

5. La familia acaba de recibir su nuevo número de teléfono. (llamar)

    ¿_____?

Síntesis

V. Anuncios. Dales una mirada a los anuncios de la página 130 para tener una idea general sobre la información que contienen. Después estudia las preguntas que los acompañan y mira rápidamente los anuncios para buscar las respuestas necesarias.

1. ¿Qué anuncios son para hipotecas? _____

2. ¿Cuáles son para bienes raíces? _____

3. ¿Qué inmobiliaria es notaria pública también? _____

4. ¿Qué compañías ofrecen la opción de refinanciar? _____

5. ¿Qué compañía ofrece una segunda hipoteca? _____

6. ¿Cómo se expresa *bankrupt* en español? _____

CAPÍTULO 7, TEMA 3

Autoexamen

I. Vocabulario

A. ¿Sinónimos o antónimos? Escribe tantos sinónimos *(synonyms)* y antónimos *(antonyms)* como puedas, usando la lista siguiente.

Modelo: Sinónimos: *mirar / ver*
   Antónimos: *abrir / cerrar*

acordarse / añorar / depositar / desempacar / empacar / extrañar / faltar / hacer falta / irse / olvidar / olvidarse / recordar / regresar / retirar / salir / volver

Sinónimos	Antónimos
_____	_____
_____	_____
_____	_____
_____	_____
_____	_____
_____	_____
_____	_____
_____	_____
_____	_____

B. ¿Cuál es diferente? Para cada grupo, escoge la palabra que no pertenece *(belong)* al grupo, y después explica por escrito en inglés cómo la palabra es diferente de las otras.

1. depositar   cuenta corriente   chequera   molestar

   _____

2. importar   convenir   empacar   doler

   _____

3. acabar   envolver   dejar   tratar

   _____

4. añorar   extrañar   faltar   salir

   _____

5. parecer   quedar   invertir   preocupar

   _____

II. Estructuras

C. De verano. Haz seis oraciones, emparejando cada frase de la primera columna con una de la segunda columna. **¡OJO!** Asegúrate de escoger la frase con el tiempo correcto, pretérito o imperfecto.

_____ 1. Todos los veranos nosotros

_____ 2. El verano pasado mis vecinos

_____ 3. De niña a mi hermana

_____ 4. Una vez mi abuelito y yo

_____ 5. Por la noche mi familia

_____ 6. Los viernes por la noche yo

a. fuimos al cine a ver una película nueva.

b. cenaba a las seis en punto.

c. nadábamos en la piscina.

d. iba al centro con mi familia.

e. pasaron dos semanas a la playa.

f. le gustaba jugar al escondite.

D. ¿A quiénes les regalas algo en la Navidad? Completa el párrafo siguiente con el pronombre de complemento indirecto apropiado **(me, te, le, nos, les).**

La Navidad es mi tiempo favorito del año. Hay muchas personas en mi familia a quienes necesito regalar algo. A todos los niños _____ compro juguetes. ¡Qué fácil! A los hermanos _____ regalo algo pequeño pero especial. A mis amigos sólo _____ mando tarjetas. Al abuelito _____ doy fotos de los niños. A mi mamá _____ escribo una carta y _____ hago un regalo personalizado. ¿Qué _____ regalan a ti tus familiares?

E. ¿Cómo se dice _for_ en español? Escoge la preposición correcta, **para** o **por,** para completar las oraciones siguientes.

1. ¿Enviaste el paquete _____ barco o avión?

2. _____ favor, señor. Dígame la verdad.

3. _____ sacar un título hay que estudiar.

4. Paseamos _____ la playa _____ la tarde.

5. No entiendo _____ qué no podemos jugar allá.

6. Muchas gracias _____ toda la ayuda.

III. Cultura

F. Western Union.

Antes de leer

1. Dale una mirada al artículo de la página 133 para entender las ideas principales que se presentan. Después subraya el vocabulario relacionado con los negocios.

A leer

Western Union espera ampliar su servicio de dinero a Cuba

LA HABANA, 12 jul (Reuters): La compañía estadounidense de servicios financieros Western Union espera ampliar los servicios de transferencia de dinero a Cuba en el futuro, después de inaugurar sus operaciones deliberadamente sin mucha pompa, dijo el lunes una ejecutiva de la empresa.

«Ha sido un comienzo de bajo perfil, pero está bien», dijo la vicepresidenta de Western Union para el Área de América Latina y el Caribe, Liz Alicea-Velez.

«Queríamos hacer (en Cuba) un lanzamiento controlado, conservador», explicó.

Western Union suministra transferencias de dinero de Estados Unidos a unos 160 países en todo el mundo. Cuba era la única nación en la región del Caribe y Latinoamérica que la compañía no cubría en su amplia red.

Los servicios de Western Union de transferencia de dinero a Cuba fueron suspendidos después de la revolución cubana en 1959. El embargo económico de 37 años que Washington mantiene contra Cuba generalmente prohíbe buena parte de transacciones comerciales y financieras entre los dos países.

Pero bajo regulaciones especiales del embargo destinadas a aliviar el impacto de las sanciones entre los cubanos, los residentes en Estados Unidos pueden ahora enviar remesas de hasta 300 dólares cada tres meses para miembros de sus familias y amigos en Cuba.

La empresa estadounidense y su agente local evitaron cobertura de la prensa durante el evento. No se permitió a periodistas extranjeros y empleados de cadenas de televisión cubrir el acto de inauguración del local de Western Union instalado en La Filosofía, un almacén por departamentos que opera Cimex en el centro de La Habana. Sólo la prensa local cubana informó al público sobre la apertura de un nuevo local de Western Union el lunes, cuatro días después de la inauguración oficial del servicio en la isla.

La funcionaria de Western Union, Alicea-Velez, defendió el modesto lanzamiento de sus operaciones. «No tuvo nada que ver con política», dijo.

«No queríamos ofrecer el servicio y que luego no funcionara... Ahora estimamos que funciona», explicó.

Por el momento, la compañía limita sus servicios a Cuba a través de unos 30 locales en Estados Unidos, principalmente en la región de Florida, y con un número similar en la isla.

Información citada en los medios sugiere que el suministro de dinero a la isla totaliza cada año 800 millones de dólares.

Después de leer

2. Vuelve a ver el artículo a fin de *(in order to)* conseguir información para contestar las siguientes preguntas.

_____ a. ¿Por qué suspendió Western Union sus servicios en Cuba en 1959?

  1. La compañía perdía mucho dinero.
  2. La compañía quería concentrarse en otras áreas de Latinoamérica.
  3. Hubo un cambio de gobierno en Cuba.

_____ b. ¿De dónde en Estados Unidos es posible enviar dinero a Cuba?

  1. De todos los estados.
  2. Principalmente desde Florida.
  3. De La Habana.

_____ c. ¿Qué limitaciones hay en cuanto a enviar dinero a Cuba por Western Union?

  1. Sólo se puede enviar $300 cada tres meses.
  2. Sólo se puede enviar dinero a miembros de la familia.
  3. No hay limitaciones.

3. Haz una lista de todos los verbos del artículo que aparecen en el pretérito y en el imperfecto.

Verbos en el pretérito: _____

Verbos en el imperfecto: _____

IV. Un poco de todo

G. ¿Te gusta viajar?   ¿Te gusta o te disgusta viajar? Prefieres viajar solo(a) o con otros? ¿Cuál es tu medio de transporte favorito y cuál es el que te gusta menos? Describe tus experiencias de viajes en las situaciones siguientes.

*   traveling with your family as a child (use the imperfect)
*   a particular trip you took and what happened (use the preterit)
*   traveling now (use the present)

Escribe sobre cada situación en un párrafo de tres o cuatro oraciones. Puedes incluir algunos de los verbos o frases siguientes.

viajar / hacer un viaje / ir en coche (avión) / ir (estar) de vacaciones / sentirse / extrañar / irse / olvidar / regresar / molestar / interesar / gustar / hacer la maleta / desempacar

_____
_____
_____
_____
_____
_____
_____
_____
_____
_____
_____
_____

Cuaderno de ejercicios

A trabajar

Tema 1 En busca de trabajo

Vocabulario: El mundo del trabajo

A. La buena presencia. Completa las instrucciones siguientes sobre cómo comportarse en una entrevista para empleo, usando palabras de la lista. **¡OJO!** No se van a usar todas las palabras.

> **comunicarse / experiencia / facilidad de expresarse / la buena presencia / la hoja de vida / presentarse / referencias / una entrevista**

Primero, el vestido es sumamente importante para demostrar que tienes _____.

En _____ hay un código de vestirse muy específico. Es mejor que se vista

de estilo muy profesional. Para los hombres es bueno vestirse en un traje y una corbata, y para las mujeres un traje,

una falda o un vestido son aceptables. Los hombres tienen que afeitarse la cara muy bien, y las mujeres no deben

pintarse la cara demasiado.

   En segundo lugar, hay que llevar _____ que contiene

tu _____ profesional, historia educacional y

_____ personales. Es bueno ser muy conciso con los hechos; se

recomienda sólo una página cuando sea posible.

   En tercer lugar, la manera de _____ tiene que ser bastante formal. La

buena postura indica mucha confianza y la mirada directa en los ojos mientras hablas es muy importante también.

¡Ahora estoy seguro de que vas a conseguir el trabajo!

B. ¿Antes o después? Arregla las frases siguientes para indicar si es más probable que hagas eso antes o después de conseguir un puesto.

Modelo: Antes: *ser interno con una compañía*
         Después: *preparar información para clientes*

> **buscar en la red electrónica / ir a entrevistar / sacar el título universitario / hacer enchufe *(connections)* / investigar la compañía / almorzar con los colegas / mirar el periódico / llegar a la oficina a tiempo / estar presente todos los días**

Antes   **Después**

_____   _____

_____   _____

Antes	Después
_____	_____
_____	_____
_____	_____
_____	_____

C. Las habilidades específicas.   Empareja la profesión con las responsabilidades profesionales específicas.

Modelo: Los carpinteros...
crean y reparan estructuras y muebles de madera.

_____   1.   Los programadores...

_____   2.   Los basureros...

_____   3.   Los consultantes...

_____   4.   Los administradores...

_____   5.   Los bomberos...

_____   6.   Los consejeros...

_____   7.   Los médicos...

_____   8.   Los enfermeros...

_____   9.   Los entrenadores...

_____   10.   Los maestros...

a.   enseñan a los estudiantes.

b.   facilitan los sistemas de ordenadores.

c.   hacen decisiones para los empleados.

d.   les ayudan a los médicos.

e.   protegen a la gente y apagan fuegos.

f.   resuelven problemas emocionales.

g.   recomiendan nuevos técnicos a los atletas.

h.   identifican y tratan las enfermedades.

i.   a menudo recogen materiales para el reciclaje.

j.   hacen su propio horario.

Vocabulario: Las profesiones del futuro

D. ¿Cuál(es) te prefiere(n)?   Completa las cuatro oraciones a continuación *(below)* con los nombres de las profesiones apropiadas del **Capítulo 7** del libro, y después da la razón por la que te gustan o disgustan esas profesiones.

Modelo: No me gusta *el diseño* porque *no soy muy artista y no tengo mucha experiencia con las computadoras.*

1.   Me interesa(n) _____ porque _____
    _____.

2.   No me interesa(n) _____ porque _____
    _____.

3.   Me parece posible tener empleo en el campo de _____ porque _____
    _____.

4.   No me gusta(n) _____ porque _____
    _____.

Funciones y estructuras: *Referring to past events with hace... que*

E. La entrevista.   Empareja el empleo o la profesión de la primera lista a continuación con la pregunta o la respuesta apropiada para una entrevista.

Modelos: Hace mucho que cuido niños.
niñera

¿Cuánto hace que cuida Ud. a pacientes?
médico

a.   agente de los bienes raíces   e.   profesora

b.   agente de seguros   f.   programador

c.   científica ambiental   g.   traductor/intérprete

d.   diseñadora   h.   vendedor

_____   1.   ¿Desde cuándo ayudas a la gente de culturas diferentes comunicarse y entenderse?

_____   2.   Hace 22 años que ayudo a la gente comprar y vender casas.

_____   3.   ¿Cuánto hace que trabajas con las computadoras?

_____   4.   Hace seis meses que me gradué de la universidad y ahora viajo por la región vendiendo los productos que mi empresa fabrica.

_____   5.   Hace ocho años que creo nuevas modas en cuanto a la ropa y los accesorios.

_____   6.   ¿Cuánto tiempo hace que Ud. enseña?

_____   7.   Hace catorce años que intento disminuir la contaminación.

_____   8.   ¿Desde cuándo vendes planes que compra la gente para proteger a su familia y sus propiedades?

F.   ¿Hace cuánto tiempo que... ?   Da alguna información sobre ti y sobre tu vida académica, contestando las siguientes preguntas.

Modelos: ¿Hace cuánto tiempo que...

estudias en esta universidad?
Hace tres años que estudio en esta universidad.

reparas/reparaste algo?
Hace una semana que reparé una llanta desinflada en el coche de mi amiga Suzy.

¿Hace cuánto tiempo que...

1.   tuviste un empleo que te gustó?

   _____

2.   vives en esta ciudad?

   _____

3.   estás escribiendo la tarea para la clase de español?

   _____

4.   fuiste a la casa de unos parientes?

   _____

5.   saliste con un(a) amigo(a)?

   _____

6.   terminaste con un proyecto importante?

   _____

7. estudias (tu especialidad)?

   _____

8. la familia se mudó / los padres se mudaron?

   _____

9. (no) estás muy feliz en la universidad?

   _____

10. piensas en las próximas vacaciones?

   _____

Funciones y estructuras: *Referring to past events that continue into the present with the present perfect tense*

G. Correo electrónico. Completa con la forma apropiada del presente perfecto de los verbos entre paréntesis, el mensaje de correo electrónico que Ernesto les mandó a sus padres a Caracas.

To: adelgadosanz@latino.net.ve

From: ernesto@stthomas.edu

Subject: Las clases y todo

Hace mucho que yo no los _____ (ver). Sí, _____ (recibir) los mensajes que Uds. me _____ (enviar), pero hasta el momento yo no _____ (poder) responderles.

Pronto viene la semana de los exámenes finales. Este semestre las clases _____ (ser) tan difíciles y yo _____ (estar) bien ocupado. _____ (tener) que levantarme muy temprano por la mañana; _____ (ir) a la biblioteca a estudiar hasta tres veces a la semana, y me parece que no _____ (ser) posible acostarme hasta las dos o tres de la madrugada cada noche. ¡Estoy tan cansado!

Por casi un mes ya, mis amigos y yo no _____ (divertirse): nosotros _____ (trabajar) en los proyectos para las clases técnicas y _____ (escribir) trabajos para las clases de composición. Como yo, todos aquí _____ (pasar) un semestre duro. ¡Aún los profesores nos _____ (decir) que esperan con anticipación las vacaciones!

Pues, ahora necesito volver a mis estudios. Gracias por toda su ayuda este semestre. No se preocupen: ¡voy a sobrevivir!

Besos y abrazos,

Ernesto

H. Una evaluación.

1. Llena la forma de evaluación para Josefina Hernández, recomendándola para un aumento de sueldo.

Empleado/a: **JOSEFINA HERNÁNDEZ** Sector: **TELECOMUNICACIONES** Puesto: **ANALISTA DE SISTEMAS** Período de evaluación: **AÑO 1999–2000**	Sí	No
Ha llegado al trabajo tarde.	_____	_____
Ha participado activamente en las reuniones.	_____	_____
Se ha encargado de proyectos.	_____	_____
Ha organizado eficientemente su tiempo.	_____	_____
Ha trabajado duro.	_____	_____
Ha dicho mentiras.	_____	_____
Ha tardado en cumplir sus deberes.	_____	_____
Se ha comunicado bien con otros.	_____	_____
Ha manejado los conflictos.	_____	_____
Ha entregado sus informes a tiempo.	_____	_____

2. Escribe en dos oraciones la evaluación final de Josefina. No repitas la información anterior para decir lo que ella hace o no, sino describe qué clase de persona o empleada es ella, usando los adjetivos en el **Capítulo 8** del libro de texto.

Josefina Hernández merece *(deserves)* aumento este año porque _____

_____

_____

I. Últimamente... Escribe una oración lógica con cada grupo de palabras o frases, poniéndolas en orden y añadiendo *(adding)* cualquier información que sea necesaria. Usa el presente perfecto de los verbos.

Modelo: defender / en gente famosa también / estrellas / convertirse / abogados
Desde los años 80, los abogados que defienden a las estrellas se han convertido en gente famosa también.

1. 100 hojas de vida / nuestra oficina / recibir / recientemente

_____

2. no tener / un año ya / buena presencia / experiencia / candidatos

_____

3. el control de fluidos / los técnicos / fábrica / investigar

_____

4. hija mía / ¿entrevistas / hasta ahora / presentarse bien?

_____

5. los profesionales calificados / dos proyectos importantes / los trabajadores no calificados / colaborar

_____

6. nosotros / lista de referencias / entrevistas futuras / preparar

_____

Síntesis

J. El año 2025. Imagínate que es el año 2025. ¿Cuáles de las industrias siguientes han tenido éxito y cuáles han fracasado para el año 2025? ¿Por qué? ¿Qué papel (*role*) han tenido las universidades en la preparación de candidatos para empleos? Escoge una industria y escribe cuatro o cinco oraciones, usando el presente perfecto.

Modelo: las telecomunicaciones
Hace 25 años que las industrias de telecomunicaciones ganan más importancia en la vida diaria porque han...
En cuanto a nuestros empleados, las universidades han... pero no han...
Por más de 10 años, la gente no ha...

Campos	**Factores de éxito**
la ingeniería multimedia	la economía (nacional o global)
las ciencias ambientales	la tecnología
los servicios para la tercera edad	la comunicación
la publicidad	la calidad de los trabajadores
	la educación
	el gobierno
	los clientes

Campo: _____

_____

_____

_____

_____

_____

_____

Tema 2   Mis antecedentes y expectativas laborales

Vocabulario: La hoja de vida

K. ¿Cómo se expresa? Contesta la pregunta de la primera columna con el término apropiado de la segunda columna.

¿Cómo se expresa...

_____ 1. *apply?*   a. datos personales

_____ 2. *cover/introduction letter?*   b. estudios realizados

_____ 3. (in general terms) *my educational experience?*   c. la carta de presentación

_____ 4. *résumé?*   d. la hoja de vida

_____ 5. *the heading for personal information?*   e. solicitar

L. ¿Cómo son? Para cada una de las carreras siguientes, identifica las cualidades que creas que harán que esa persona tenga éxito.

Modelo: Un profesor admirado es *creativo y dedicado, y siempre ayuda a sus estudiantes.*

1. Un escritor de fantasía (como Stephen King) necesita ser _____
   _____.

2. Un inventor (como Thomas Edison) es _____
   _____.

3. El jefe de una empresa es _____
   _____.

4. Una política fuerte (como Margaret Thatcher) debe ser _____
   _____.

5. Una locutora popular (como Cristina) es _____
   _____.

6. Un buen compañerista siempre es _____
   _____.

7. Una persona que tiene su propio negocio tiene que ser _____
   _____.

M. La entrevista. Durante una entrevista con una compañía venezolana de importación y exportación, te preguntan cuáles son tus puntos fuertes y cuáles son los débiles. Descríbeselos *(describe them)* usando ejemplos en campo del trabajo.

Modelo: Lo débil:
A veces, no organizo bien mi tiempo. Es porque no me gusta escribir listas de mis deberes porque parece ser mucho más trabajo.

Lo fuerte: _____

_____

Lo débil: _____

_____

Vocabulario: Expectativas laborales

N. ¿Quién está a cargo de esto? Para cada deber a continuación indica quién es generalmente responsable de hacerlo en el trabajo: **el empleado (E), el jefe (J),** o **los dos (D).**

Modelo: aceptar el trabajo
E

_____ 1. contratar el empleado

_____ 2. firmar el contrato

_____ 3. llenar formularios

_____ 4. ofrecer el trabajo

_____ 5. despedir un empleado

_____ 6. solicitar el trabajo

_____ 7. comunicarse bien

_____ 8. trabajar bien en equipo

_____ 9. no mentir

_____ 10. perseverar

O. Una llamada informativa. Completa el diálogo siguiente con la palabra o frase apropiada de la lista. **¡OJO!** Si se necesita un verbo, asegúrate de usar el tiempo verbal apropiado.

ascenso / aumento / despedir / el jefe de personal / firmar / las prestaciones / llenar los formularios / media jornada / oferta / ofrecer / tiempo completo / un vacante

Carolina: ¡Mamá, mamá! ¡Me han _____ el trabajo! Había

_____ y durante la entrevista nos llevamos

muy bien. _____ acaba de llamarme con

la _____.

Rocío: Pues, y ¿puedes trabajar bien y perseverar en tal empleo?

Carolina: Mamá, como en cualquier empleo: si trabajo duro, puedo recibir

_____ y _____ después

de seis meses. Pero si no, el jefe me puede _____; también

puede _____ mi puesto a otra persona.

Rocío: ¿Es trabajo de _____?

Carolina: No, no, no. Es _____. Trabajo lunes a viernes, 40 horas a la

semana.

Rocío: Pues, ¿ya has _____ el contrato?

Carolina: Mañana lo hacemos. Tenemos que hablar de _____ y voy a

_____ necesarios. ¡Estoy tan nerviosa, pero alegre a la vez!

Rocío: Carolina, estoy muy orgullosa de ti. Voy a contarle todo a tu padre esta noche. Llámanos mañana por

la noche, ¿vale?

P. ¿Cuál te importa más?

1. De acuerdo con tus prioridades, enumera en orden las razones siguientes para aceptar un empleo.

_____ la posibilidad de promoción   _____ la cantidad de vacaciones

_____ aumentos frecuentes   _____ las prestaciones que se ofrecen

_____ los detalles del contrato   _____ el sueldo al principio

_____ el horario laboral (flexible o rígido)   _____ compañeros futuros

2. Ahora explica por qué escogerías entre 1 y 2, y entre 7 y 8.

Para mí, me importan más _____ y _____

porque _____

_____.

Pero no son tan importantes _____ y _____

porque _____

_____.

Nombre _____ Fecha _____

Funciones y estructuras: *Influencing the behavior of others with formal commands*

Q. Consejos para internos. Dales los siguientes consejos a los internos de la oficina latinoamericana de tu compañía, usando la forma plural del verbo en el imperativo *(command)*.

Modelo: perseverar por lo malo y lo bueno
Perseveren por lo malo y lo bueno.

1. no pedir aumentos al principio del año fiscal

   _____

2. no mentir nunca; siempre decir la verdad

   _____

3. siempre organizar bien el tiempo y hacer todo rápido

   _____

4. no olividarse de las necesidades de la familia

   _____

5. ser creativos y leales

   _____

6. llevar ropa conservativa a la oficina

   _____

7. explicar claramente sus ideas

   _____

8. no llegar tarde nunca a las reuniones

   _____

9. buscar oportunidades de aprender

   _____

10. escuchar a los compañeros e incluir sus comentarios en los informes

   _____

R. Las tareas hoy. Tú eres supervisor, y el gerente de tu oficina te ha hecho las preguntas siguientes. Contéstaselas apropiadamente, usando los pronombres de complemento directo o indirecto siempre que sea posible.

Modelo: Para fijar el calendario, ¿puedo tomar las vacaciones en agosto?
Sí, tómelas en agosto.

1. ¿Debo anunciar los aumentos para el año? No, _____.
2. ¿Necesitamos fotocopiar las hojas de vida de los aspirantes? Sí, _____.
3. ¿Debo mandarles a Uds. los resultados de la encuesta por correo electrónico? Sí, _____.
4. ¿Necesito ponerme la chaqueta para la reunión con los directores? No, _____.
5. ¿Puedo decirles a los empleados que mañana es su cumpleaños? Sí, _____.
6. ¿Debemos ofrecer el empleo al Sr. Castro? No, _____.

S. Preparativos para la entrevista. Te han pedido consejo sobre cómo prepararse para una entrevista para empleo. Empareja la frase apropiada de la columna A con una de la columna B, y después escribe un consejo usando el mandato formal.

Column A	Column B
cepillarse	una blusa o camisa blanca
comprar	la compañía para confirmar la hora
llamar	la hoja de vida
escoger	los dientes
ponerse	poco maquillaje
preparar	un traje y unos zapatos nuevos

1. _____

2. _____

3. _____

4. _____

5. _____

6. _____

Síntesis

T. Te toca a ti. Imagínate que tienes tu propio negocio y que va tan bien que tienes que emplear un (una) gerente de recursos humanos. En el espacio que está a continuación, escribe y diseña un aviso para emplear a la mejor persona posible. Sé *(be)* creativo(a), pero asegúrate de incluir lo siguiente.

- una descripción de la clase de empresa que tienes
- lo que requieres
- cualidades personales del aspirante *(applicant)* **(El aspirante debe ser...)**
- lo que tu empresa tiene para ofrecer, como por ejemplo los beneficios, etc. **(Se ofrece...)**
- tres pasos que se requieren para solicitar el trabajo. (como órdenes)

Tema 3   En el nuevo empleo

Vocabulario: Las tareas de oficina

U. Asociaciones.   Empareja las ilustraciones de la primera columna con su descripción de la segunda columna.

_____ 1.

a.   archivar

_____ 2.

b.   asistir a reuniones

_____ 3.

c.   el cubículo

_____ 4.

d.   enviar y recibir el fax

_____ 5.

e.   la oficina de correspondencia

_____ 6.

f.   la recepción

_____ 7.

g.   preparar informes

V.   En la oficina nueva.   Basándote en lo que dice tu ayudante *(assistant)*, escribe una respuesta apropiada, escogiendo una frase de la lista y usando el mandato formal. Añade *(Add)* cualquier otra información que sea necesaria.

Modelo: —¿Dónde encuentro la oficina del Sr. Limón? Estoy perdido. (doblar)
                       —*Doble Ud. a la derecha, pase la recepción, y la oficina estará a la izquierda al final del pasillo.*

archivarlos / asistir a la reunión / enviarlos por fax / hacer la llamada / ir a la recepción

1.   —El Sr. Limón me pidió enviar estos papeles al sucursal en Miami.

     —_____.

2.   —Acaba de llegar una visita para el Sr. Limón. ¿Dónde la encuentro?

     —_____.

3. —¿Y qué debo hacer a las cuatro esta tarde?

   —_____.

4. —El Sr. Limón tiene este montón de informes viejos.

   —_____.

5. —¿Necesito buscar un teléfono público para llamar a casa?

   —_____.

Vocabulario: La computadora

W. Definiciones. ¿Qué tan familiarizado(a) estás con las computadoras? Escribe el término apropiado relacionado con las computadoras, junto a las definiciones.

consultar un motor de búsqueda / el teclado / el buzón / hacer clic / el disquete / instalar / el pad para el mouse / la pantalla / parlantes / una impresora

1. Es la superficie preferida en que moverse el ratón. _____

2. Es la acción para seleccionar algo (abrir un programa, hacer conexión, etc.).

   _____

3. Si Ud. quiere producir una copia de un documento en papel, se necesita este aparato.

   _____

4. Hoy en día, ya que las computadoras pueden reproducir el sonido como un estéreo, son necesarias un par

   de... buenísimos. _____

5. Si Ud. acaba de comprar un programa nuevo, es la primera acción necesaria para que se utilice el programa.

   _____

6. Cuando un amigo le manda a Ud. un mensaje electrónico, debe buscarlo aquí.

   _____

7. Es dónde aparecen las letras Q-W-E-R-T-Y. _____

8. Antes, esta cosa era bastante grande y flexible; ahora, es más pequeña. Se usa para guardar información.

   _____

9. Es la parte de la computadora donde se ve la representación de la información digital.

   _____

10. Cuando la gente quiere encontrar información por medio del Internet (para un informe, etc.), muchas veces

    se comienza con esta acción. _____

X. Recomendaciones. Dale a tu colega de trabajo instrucciones sobre qué hacer con los problemas que te presenta. Usa el mandato del verbo entre paréntesis y añade cualquier información necesaria.

Modelo: No puedo ver bien la pantalla.   (limpiar)
              Limpie la pantalla.

1. Mi documento no sale de la impresora.   (apagarla y encenderla otra vez)

   _____

2. ¿Quieres escuchar este CD nuevo?   (insertar)

_____

3. ¿Cómo sigo ese link a la página siguiente?   (hacer clic)

_____

4. Estoy cansado y no voy a trabajar más.   (cerrar, apagar)

_____

5. Me dijo Sara que me mandó un mensaje, pero no sé verlo.   (revisar)

_____

6. Necesito guardar este documento y llevarlo a la reunión mañana.   (guardar)

_____

Vocabulario: Las comunicaciones telefónicas

Y. ¿Quién lo dice? Identifica las frases siguientes como algo que es más posible que lo diga un(a) recepcionista **(R)**, alguien que llama **(LL)** o que lo digan ambos **(A)**.

Modelo: —¿Me podría dar su número de teléfono?
        R

_____ 1. —Con gusto.

_____ 2. —Habla Joaquín Dávila.

_____ 3. —Le daré a la jefa el mensaje.

_____ 4. —Muchas gracias.

_____ 5. —El gerente se encuentra ocupado en este momento.

_____ 6. —El Ingeniero Rococo por la línea 1.

_____ 7. —¿De parte de quién?

_____ 8. —¿Desea dejar algún recado?

_____ 9. —¿Podría hablar con la Srta. Barquilla?

_____ 10. —¿Puedo dejar un recado?

Z. Expresiones. Para cada expresión de cortesía, escoge la expresión apropiada que corresponde de las opciones que se dan.

_____ 1. —Gracias, señorita.
        —...
        a. Con gusto, señora.   b. ¿De parte de quién?

_____ 2. —...
        —¿Podría hablar con el jefe de personel?
        a. ¿Me podría dar su número de teléfono?   b. ¿En qué puedo servirle?

_____ 3. —Sra. Ramos, El arquitecto en Caracas por la línea dos.
        —...
        a. Dígale que me deje el mensaje.   b. Le daré su mensaje.

_____ 4. —...
        —No, voy a verlo más tarde.
        a. ¿Podría hablar con el Sr. Bustamante?   b. ¿Desea dejar algún recado?

_____ 5. —...
        — Pues, entonces necesito dejarle un mensaje.
        a. La supervisora se encuentra ocupada en este momento.   b. Habla Antonio.

Funciones y estructuras: *Double object pronouns*

AA. Preparaciones.   Haciendo el papel de secretario(a), contesta las preguntas del asesor (*advisor*), usando pronombres de doble complemento (*double object pronouns*). Contesta sus preguntas afirmativa o negativamente.

Modelo: ¿Encontraste el ratón nuevo para Rebecca?
Sí, se lo encontré. OR *No, no se lo encontré.*

1. ¿Archivaste la correspondencia del club para los miembros?

    _____

2. ¿Le devolviste la revista *Radar* a tu compañero de la clase de español?

    _____

3. ¿Le diste los cheques para la conferencia a Julia?

    _____

4. ¿Les enviaste los mensajes electrónicos a todos los miembros?

    _____

5. ¿Le explicaste el problema de finanzas a Manolo?

    _____

6. ¿Les hiciste unas llamadas a los organizadores de la conferencia?

    _____

7. ¿Nos arreglaron tus amigas la cita con el diplomático venezolano?

    _____

8. ¿Me encontraste los libros en la biblioteca?

    _____

9. ¿Preparaste la sala de reuniones para nosotros?

    _____

10. ¿Te envió Mariángela la foto de los miembros?

    _____

Síntesis

BB. El nuevo empleo.   Tú vas a empezar un nuevo empleo y necesitas asegurarte de que tu oficina esté arreglada y lista en dos días. Haz una lista de los deberes que tiene que terminar la secretaria. Tienes tres preocupaciones muy importantes.

*   Quieres asegurarte de que tu computadora esté conectada y de que esté funcionando bien.
*   Hay cinco reportes que has archivado (*saved*) en un disquete que se tienen mandar a diferentes oficinas internacionales y que deben llegar mañana.
*   Hay que arreglar una oficina temporal para dos consultores que van a empezar a trabajar en tres días.

En orden de importancia, haz una lista de ocho deberes para tu secretaria. Recuerda usar mandatos formales y terminología apropiada para la oficina.

Nombre _____ Fecha _____

Atajo

Vocabulary: Office, Working conditions
Grammar: Verbs: imperative **usted(es)**

Cristina, gracias por organizar la oficina antes de mi llegada. Siga las instrucciones abajo, por favor.

1. _____
2. _____
3. _____
4. _____
5. _____
6. _____
7. _____
8. _____

Autoexamen

I. Vocabulario

A. ¡Adivina! Escoge la palabra o frase que mejor conteste la pregunta o complete la oración.

_____ 1. Los empleados no están satisfechos con las condiciones aquí en la oficina. Por eso, ahora...
   a. trabajan duro.   b. atienden al público.   c. hacen huelga.

_____ 2. ¡Necesito apagar la computadora inmediatamente! ¿Dónde está... ?
   a. el interruptor principal   b. la pantalla   c. el parlante

_____ 3. —¿Debo darle el informe nuevo al cliente ahora?
   —No, no... hasta la semana próxima.
   a. va a darle   b. me lo da   c. se lo dé

_____ 4. Acabo de terminar mi hoja de vida. Ahora, sólo me falta preparar...
   a. la carta de presentación   b. la matrícula profesional   c. la entrevista

_____ 5. —¿Qué le pasó a Isabela?
   —Pues, la... porque no quería trabajar...
   a. ocupada / en cubículo   b. despedieron / la jornada completa   c. feliz / duro

B. ¿Cuál es diferente? Para cada uno de los grupos siguientes, escoge la palabra que *no* pertenece al grupo. Después, explica por escrito en inglés cómo la palabra es diferente de las otras.

1. expediente   ratón   teclado   pantalla

_____

2. datos personales   estudios realizados   experiencia laboral   desempeño

_____

3. la recepción   la vacante   el cubículo   la sala de reuniones

_____

4. persevera   crea   miente   participa

_____

5. llamada   recado   mensaje   ocupado

_____

6. el diseño   el archivo   los seguros   las telecomunicaciones

_____

7. preparar informes   atender al público   asistir a reuniones   reparar el coche

_____

8. el aumento   la hoja de vida   el contrato   la solicitud

_____

II. Estructuras

C. Traducción.   Expresa las siguientes ideas en español. Recuerda usar la frase apropiada con **hace que** + *tiempo* así como el pretérito o el presente del verbo.

Modelo: I fixed the monitor and speakers two months ago.
Arreglé el monitor y los parlantes hace dos meses.

1. Ramón has been our technician for five years.

_____

2. The workers had a strike eighteen months ago, but all have been working hard for a year now.

_____

3. It's been two weeks since you sent me an email!

_____

4. We have been studying environmental science for a semester.

_____

5. For how long have you *(formal)* been in charge of this company?

_____

D. Revisiones.   Escribe oraciones con órdenes formales en plural, usando los elementos siguientes y substituyendo los nombres con pronombres de complemento directo y/o indirecto cuando sea apropiado.

Modelo: escribir el mensaje a los clientes
Escríbanselo.

1. no encender la computadora _____

2. imprimir las fotos para la clase _____

3. no ponerse las chaquetas en la sala de reuniones _____

4. encargarse de reparar el sistema _____

5.   enviar la hoja de vida y la solicitud a la empresa _____

6.   ser honestos y flexibles _____

E.   Las experiencias laborales.   Escribe preguntas o afirmaciones usando el presente perfecto del verbo.

Modelo: ¿los empleados / participar en / reunión / las prestaciones?
                  ¿Han participado los empleados en una reunión sobre las prestaciones?

1.   ¿escribir / imprimir / tú / el informe / clase / español?

     _____

2.   ¿hacer / recomendaciones / el jefe de personal / los aumentos?

     _____

3.   las computadoras / convertirse en / necesidades / estudiantes / oficinas

     _____

4.   nosotros / poner / hoja de vida / Internet

     _____

5.   ¿ser / efectivo / los servicios para la tercera edad / la última década?

     _____

III. Cultura

F.   Tablas de información.   Primero lee las preguntas en la página 154 para determinar qué información necesitas buscar. Después dale una mirada al texto a continuación, subrayando todas las palabras que tú crees entender. Después, lee las tablas en las páginas 152 y 153, notando cómo se da la información. Por último contesta las preguntas.

**CENTRO DE INFORMACIÓN Y DOCUMENTACIÓN
EMPRESARIAL SOBRE IBEROAMÉRICA (CIDEIBER)
INFORMACIÓN DE LOS PAÍSES**

Venezuela: Las industrias manufactureras

La estructura industrial del país se presenta a continuación en indicadores desagregados por estrato de ocupación y agrupación económica de acuerdo con la Clasificación Industrial Internacional Uniforme de Actividades Económicas de la ONU (CIIU).

En cuanto a la clasificación de la industria se ordena en cuatro grupos:

- gran industria (establecimientos con más de 100 personas ocupadas);
- mediana industria superior (entre 51 y 100 personas ocupadas);
- mediana industria inferior (entre 21 y 40 personas ocupadas);
- pequeña industria (de 5 a 20 personas ocupadas).

En el año 1994, el total de empresas manufactureras existentes en el país era de 8.891, dando ocupación a más de 440.000 trabajadores. Por regiones, el mayor número de empresas se encuentran localizadas en la capital, seguida de la región Central, la Centro-Occidental y Guayana.

Principales indicadores de la industria manufacturera a nivel nacional y regional

Año 1994

Concepto	Personal ocupado	Valor de la producción (1)
Total	441.016	3.486.113.334
Gran industria	268.222	2.845.128.856
Mediana industria superior	38.784	200.340.703
Mediana industria inferior	58.003	237.265.141
Pequeña industria	76.007	203.378.634
Por regiones		
Capital	155.572	723.873.281
Central	141.692	1.289.470.124
Los Llanos	2.557	20.354.788
Centro-Occidental	43.231	558.534.679
Zuliana	31.525	283.957.272
Los Andes	18.815	79.179.456
Nor-Oriental	19.458	176.708.636
Insular	1.123	4.552.181
Guayana	27.043	349.482.897

(1) En miles de bolívares.

Fuente: Oficina Central de Estadística e Informática

En cuanto al número de empresas por actividades económicas, el mayor número corresponde a las consideradas como «industrias tradicionales»; dentro de éstas las alimentarias ocupan el primer lugar seguidas en importancia por las empresas productoras de vestuario, muebles y accesorios y calzado.

Otros sectores importantes por el número de empresas que incluyen son los dedicados a la producción de productos metálicos (dentro del grupo de las industrias mecánicas) y a las artes gráficas (grupo residual).

Por otra parte, el mayor número de establecimientos corresponde a la pequeña industria, con 5.855 unidades, y a la mediana industria inferior, que en el año 1994 contaba con 1.693 empresas instaladas. En Venezuela, casi el 66% del sector manufacturero son pequeñas industrias.

El grupo de las industrias tradicionales es el que mayor ocupación proporciona (43,8%), con un total de 193.212 trabajadores, siendo nuevamente el sector de las empresas alimentarias el que proporciona mayor empleo (67.065 trabajadores), seguido de las empresas de vestuario (25.555) y de las empresas del sector textil (19.499). En el grupo de las industrias intermedias, la mayor ocupación la proporcionan los sectores de los productos químicos (38.568 trabajadores) y los metales básicos (34.713) y los minerales no metálicos (30.972).

Número de establecimientos de la industria manufacturera, por tipos de industria

Año 1994

Tipo de industria	Total	Grande	Mediana superior	Mediana inferior	Pequeña
Industrias tradicionales	4.806	307	190	780	3.529
Alimentos	2.139	152	67	196	1.724
Bebidas	85	36	13	18	18
Tabacos	15	3	1	3	8
Textil	190	45	18	36	91
Vestuario	840	26	29	236	549
Cueros y pieles	89	5	10	11	63
Calzado	471	24	29	119	299
Madera y corcho	198	8	9	65	116
Muebles y accesorios	779	8	14	96	661
Industrias intermedias	1.735	309	178	446	802
Papel y celulosa	93	31	14	27	21
Productos químicos	345	101	39	86	119
Derivados del petróleo	34	7	7	7	13
Caucho		65	13	9	1726
Productos plásticos	396	56	49	130	161
Minerales no metálicos	550	59	43	117	331
Metálicas básicas	252	42	17	62	131
Industrias mecánicas	1.635	163	115	333	1.024
Productos metálicos	1.007	53	37	180	737
Maquinaria no eléctrica	247	38	27	75	107
Maquinaria eléctrica	164	36	22	45	61
Material de transporte	217	36	29	33	119
Grupo residual	715	38	43	134	500
Artes gráficas	518	27	19	80	392
Diversas	197	11	24	64	108
TOTAL	8.891	817	826	4.693	5.855

Fuente: Oficina Central de Estadística e Informática

1. Decide si las declaraciones siguientes son ciertas o falsas, de acuerdo con la información que has leído.

   _____ a. The majority of manufacturing firms in Venezuela in 1994 were located in and about Caracas.

   _____ b. The most common type of manufacturing was that related to food processing.

   _____ c. The majority of manufacturing firms in Venezuela can be categorized as big, employing more than 100 employees.

   _____ d. Clothing manufacturers account for about 25,000 jobs in Venezuela.

   _____ e. A graduate in computer-aided design would find very few Venezuelan firms in this area.

2. Contesta las preguntas siguientes.

   a. Which of the following would not be considered a traditional industry in Venezuela?

      _____ Furniture manufacturing

      _____ Food/beverage production

      _____ Metal manufacturing

   b. Which size and type of intermediate industry was most prevalent in 1994? Fill in the blanks.

      _____ industrias _____ con _____

      establecimientos

   c. How many workers in all were employed in Venezuela in 1994? _____

IV. Un poco de todo

G. Una entrevista. Usa los números 1 a 17 para poner en una orden lógica la siguiente conversación entre un gerente de relaciones humanas y una candidata al puesto.

_____ Acabo de llenar la solicitud para el puesto de recepcionista para su empresa.

_____ Buenas tardes. ¿En qué puedo servirle?

_____ Dígamela.

_____ En esas empresas, ¿qué hizo Ud.?

_____ Encantada.

_____ Ha sido un placer hablar con Ud. Voy a llamarle a Ud. mañana con la decisión.

_____ He trabajado para dos empresas de ingeniería y en una oficina de ventas.

_____ Me llamo Jorge Limón. ¿Y Ud.?

_____ Mucho gusto.

_____ Muy bien. ¿Tiene tiempo ahora para entrevistarse conmigo?

_____ No, señor. Acabo de llegar en la ciudad y no tengo computadora todavía. ¿Le puedo presentar algo de mi experiencia laboral?

_____ Por supuesto.

_____ Pues, me parece que es Ud. persona de buena presencia y extrovertida. ¿Por qué ahora busca trabajo? ¿Se le despidió del último puesto?

_____ Silvia Inés Rescate.

_____ Trabajé en la recepción: recibí llamadas y envié y recibí los faxes. También tengo experiencia en archivar.

_____ ¿Ha preparado Ud. una hoja de vida?

_____ ¡Claro que no! Decidí renunciar el trabajo porque no había posibilidad de promoción ni aumento. Todas eran empresas muy pequeñas.

Cuaderno de ejercicios

CAPÍTULO 9

Acuerdos y desacuerdos

Tema 1 Las amistades

Vocabulario: Un buen amigo

A. Las características. Completa cada oración, usando la forma correcta del verbo o del adjetivo apropiado de la lista. **¡OJO!** No se pueden usar todas las palabras, y una palabra o frase puede usarse solamente una vez.

Modelo: Si necesito dinero, puedo pedir un préstamo de mi amiga Estefanía porque es muy *generosa*.

aceptar / compartir / confiable / corregir / dar consejos / generoso / honesto / interrumpir / juzgar / leal / paciente / preocuparse / querer

1. A mí no me gusta Manuel. Él siempre me _____ cuando hago errores.

2. A veces, me pongo tan animado a ayudar que _____ a mis amigos mientras hablan.

3. Después de 20 años, mi amiga Jodi y yo somos buenas amigas. Nosotros _____ todo: los buenos y malos momentos y las noticias de todos los amigos.

4. Dos presidentes de los EEUU tuvieron fama por ser _____: George Washington y Abraham Lincoln.

5. En los EEUU, dos hermanas son famosas por _____ a todos: Anne Landers y Abigail Van Buren.

6. Los padres deben _____ a sus hijos incondicionalmente, no importa lo bueno o lo malo el hijo.

7. Mi hermanito no es muy _____. No puede guardar un secreto; ¡se lo dice a todos!

8. Mis abuelos se conocieron hace 60 años y han sido casados por 50. Son los esposos más _____ que conozco.

9. Yo _____ por una amiga mía. Me parece que tiene un problema serio porque no duerme mucho, no asiste a clases y no come.

10. ¿Eres tú buen(a) amigo(a)? ¿Eres _____ o siempre tienes prisa y así no tienes tiempo para tus amigos?

B. ¿Qué *no* diría? Empareja la descripción de la segunda lista con la frase de la primera lista que tiene expresiones que probablemente no le vas a oír decir *nunca* a ese tipo de persona. **¡OJO!** No se puede usar todas las frases.

Modelo: Una persona simpática nunca diría:
    e

    a.   «Mire, no tengo nada para darte. Ud. no necesita mi ayuda.»

    b.   «Digo mentiras de vez en cuando para evitar problemas.»

    c.   «¡Tenga prisa! Tengo muchas obligaciones hoy.»

    d.   «Siento, pero tuve que compartir su secreto a su familia.»

    e.   «Ya no debemos ser amigos. Ahora Ud. tiene muchos problemas y no estoy dispuesto a apoyarle.»

_____ 1. Una persona confiable nunca diría...   _____ 4. Una persona leal nunca diría...

_____ 2. Una persona generosa nunca diría...   _____ 5. Una persona paciente nunca diría...

_____ 3. Una persona honesta nunca diría...

C. Mis mejores amigos.   Con cada una de las frases a continuación, describe un amigo o un pariente que tenga esa característica y da un ejemplo de lo que él o ella hace o no por ti.

Modelo: fallarme
           Mi amiga Rochelle nunca me falla, siempre me ayuda con todos mis problemas.

    Posibilidades: mi amigo(a) / el (la) profesor(a) / mi mejor amigo(a) / mi padre (madre) / mis padres

1. ser leal

    _____

2. darme buenos consejos

    _____

3. ser generoso

    _____

4. apoyarme

    _____

5. estar dispuesto a

    _____

6. preocuparse

    _____

7. compartir

    _____

Funciones y estructuras: *Giving advice and suggestions with the subjunctive*

D. La doctora Nora.   Lee la carta de la página 157 que le mandaron a una columnista consejera y la respuesta de la doctora. Después completa la respuesta con la forma apropiada del subjuntivo del verbo entre paréntesis.

Estimada Doctora Nora:

Ya no me llevo bien con mi hermano. Él tiene 21 años y yo tengo 22. Antes, éramos muy cercanos. Salíamos mucho juntos con los amigos del colegio, jugábamos básquetbol cada semana y nos hablábamos de todo. Pero, después del colegio, asistimos a universidades diferentes. Ahora trabajo en otra ciudad y sólo nos vemos dos o tres veces al año. Él tiene una nueva novia y pasa mucho tiempo con ella. Creo que van a casarse el año próximo, pero no la conozco muy bien. Quiero mucho a mi hermano, pero no quiero perderlo. ¿Puede Ud. ayudarnos?

Sinceramente,

un hermano preocupado

Querido hermano:

Es justo que tú _____ (estar) preocupado. La familia es una parte importante de la vida: nos apoya y nos acepta sin juzgar. Sin la familia, nos sentimos perdidos. Es urgente que Uds. _____ (tener) más contacto. Te pido que _____ (hacer) unos esfuerzos para comenzar el proceso:

Te sugiero que _____ (conocer) mejor a la novia de tu hermano.

Les recomiendo que los tres _____ (visitarse) más y que _____ (pasar) más tiempo juntos durante el año.

Les aconsejo que tú y tu hermano _____ (salir) juntos de vacaciones, que _____ (ir) a unos partidos de básquetbol profesional o que los dos _____ (escribirse) por correo electrónico cada semana para mantenerse en contacto.

Ojalá que tú _____ (poder) tomar el primer paso para arreglar la relación.

Buena suerte,

Dtra. Nora

E. Siempre hay reglas *(rules).*   Completa las oraciones, diciendo lo que se puede o no se puede hacer.

Modelo: En este restaurante, los empleados prohíben que *los clientes entren en la cocina.*

1. En las residencias de la universidad, es preciso que los estudiantes _____.

2. En casa, mis padres me piden que _____.

3. Los hospitales prohíben que los visitantes _____.

4. En la clase de español, el (la) profesor(a) no permite que nosotros _____.

5. En mi coche, insisto en que mis amigos _____.

6. La policía aquí prohíbe que _____.

7. Para ser buenos amigos, es preciso que nosotros _____.

F. Para ser buen(a) amigo(a)...   En cada uno de los grupos de palabras siguientes, escribe un consejo de padres a hijos sobre cómo ser buen(a) amigo(a).

Modelo: recomendar / compartir lo bueno y lo malo con los amigos
             Te recomendamos que compartas lo bueno y lo malo con los amigos.

1. aconsejar / escuchar sin interrumpir a los amigos

    _____

2. ser preciso / aceptar al otro tal y como ser

    _____

3. sugerir / dar buenos consejos

    _____

4. ojalá / ser amigo leal

    _____

5. insistir en / estar dispuesto a apoyar a todos

    _____

6. querer / amar a los familiares incondicionalmente

    _____

7. ser mejor / conocer a gente de todas partes

    _____

8. esperar / tratar de ser confiable y honesto

    _____

Síntesis

G. Buen ejemplo.   ¿A qué persona famosa considerarías como un buen ejemplo *(role model)* para la gente joven de hoy? ¿Qué características positivas demuestra? Asimismo, ¿qué persona famosa de hoy no realiza *(fulfills)* tus criterios de lo que debe ser un buen ejemplo? Incluye casos para ilustrar lo que esta persona ha hecho para mostrar estos rasgos *(traits)*. Por último, dale consejos a la persona que es un mal ejemplo. ¿Qué necesita esta persona para ser un mejor individuo?

Atajo

Phrases/Functions: Asking and giving advice; Requesting or ordering; Talking about daily routines
Vocabulary: Personality; Professions; Upbringing
Grammar: Verbs: Subjunctive

Para mí, _____ es buen(a) modelo(a) porque _____

_____.

Siempre _____

y _____.

Sin embargo, _____ no es buen(a) modelo(a) porque _____

_____.

Me parece que _____.

Le sugiero a _____ que _____

_____.

Tema 2   Relaciones laborales

Vocabulario: Los compañeros de trabajo

H. Asociaciones.   Empareja la descripción de la segunda columna con el adjetivo que corresponde de la primera columna.

Modelo: siempre estar en la oficina
trabajador

_____ 1. agresivo

_____ 2. compañerista

_____ 3. cumplidor

_____ 4. honesto

_____ 5. puntual

_____ 6. respetuoso

_____ 7. tener buen sentido del humor

_____ 8. tímido

a. decir la verdad

b. divertir a otros

c. llevarse bien con los superiores

d. no querer hablar con otros

e. prestar atención al reloj

f. ser buen amigo

g. ser demasiado fuerte o, a veces, violento

h. siempre terminar el trabajo

I.   No, ¡al contrario!   Uno de tus nuevos amigos te pregunta sobre tus compañeros de trabajo.

Modelo: —El secretario es bastante irresponsable, ¿verdad?
—No, ¡al contrario! *Él es muy leal y competente; siempre cumple con el trabajo y es buen compañerista.*

1.   —Hector es muy trabajador, ¿no?

—No, ¡al contrario! _____

2. —Ana Luisa es la tímida, ¿verdad?

   —No, ¡al contrario! _____

3. —Manolo y Javier son puntuales y cumplidores, ¿no?

   —No, ¡al contrario! _____

4. —Las dos empleadas nuevas, ¿son seguras de sí mismas?

   —No, ¡al contrario! _____

5. —Tú eres muy serio(a) en la oficina, ¿verdad?

   —No, ¡al contrario! _____

6. —El señor Ruíz no es muy honesto, ¿verdad?

   —No, ¡al contrario! _____

J. Es decir... Lee las siguientes descripciones que los empleados han hecho de sus jefes. Completa las descripciones con la palabra o frase apropiada de la lista.

Modelo: Mi jefe favorito fue el Sr. Altamonte. Cuando tomó una decisión, nunca cambió su plan. Es decir, él fue *firme*.

accesible / asumir riesgos / creativo / delegar su poder / no amar / respetar / saber escuchar

1. Puedo hablar con mi jefa mucho porque su oficina está al lado de la mía. Es decir, para mí, ella es muy

   _____.

2. Tengo buen jefe. Cuando tenemos una reunión, nunca interrumpe ni toma decisiones hasta que todos tengan

   la oportunidad de participar. Es decir, él _____ bien.

3. Ay, qué jefe tengo. Llega cada día de mal humor; nunca sonríe y no se lleva bien con los otros empleados.

   Siempre habla de encontrar otro trabajo y dejar la oficina. Es decir, es obvio que mi jefe

   _____ el trabajo.

4. Mi jefa es muy original. A veces no piensa lógicamente, pero siempre cumple con el trabajo. Usa mucho la

   imaginación y promueve soluciones únicas a los problemas. Es decir, mi jefa es _____

   y también _____.

5. Pues, tengo dos jefes. Los dos son ideales para mí. Ellos permiten que todos los empleados participen de

   manera igual: podemos darles sugerencias a los jefes y ellos nos escuchan. Es decir, mis jefes

   _____ a los empleados y _____.

K. ¿Quieres ser jefe(a)? ¿Qué clase de consejo le darías a un(a) amigo(a) que está pensando aceptar un puesto como gerente? Usa cada una de las frases de la primera columna por lo menos una vez, pero no más de dos veces, y cada expresión de la segunda columna una vez. Usa las expresiones en forma afirmativa o negativa según sea apropiado para aconsejar a tu amigo(a).

Modelo: *No es importante que asumas muchos riesgos.*

aconsejar	asumir muchos riesgos
recomendarte	delegar todo el poder a los empleados
ser importante	juzgar inmediatamente
ser preciso	mantener un buen sentido de humor
sugerir	preocuparse de fallar
ojalá	promover un ambiente positivo de trabajo
	respetar a los superiores
	ser muy agresivo(a)

1. _____
2. _____
3. _____
4. _____
5. _____
6. _____
7. _____
8. _____

Funciones y estructuras: *Expressing emotion, doubt, and denial with the subjunctive in nominal clauses*

L. El trabajo nuevo. Completa la carta de José, escribiendo la forma y el tiempo correctos de los verbos entre paréntesis.

Segovia, 3 de mayo

Queridos padres:

Mañana comienzo el trabajo nuevo en las oficinas de Amerispan, S.A. Me alegra que por fin _____ (llegar) el día, pero al mismo tiempo tengo miedo de que algo malo _____ (ocurrir) ese día. Es preciso que yo no _____ (perder) el autobús, así tengo que levantarme a las 5:30 en punto. Espero que no _____ (llover) mañana, porque no sé dónde está el paraguas y no quiero que mis compañeros nuevos _____ (burlarse) de mí si estoy mojado.

Dudo que vosotros _____ (recibir) muchas cartas de mí en las semanas que vienen: sé que voy a estar muy ocupado y es posible que el jefe me _____ (pedir) trabajar horas adicionales. Es posible que él me _____ (dar) mi propia ordenadora –entonces será posible correspondernos por el correo electrónico– pero dudo que eso _____ (pasar).

Pues, ya es la hora de acostarme. Lamento que nosotros no _____ (poder) vernos hasta agosto. Es dudoso que yo _____ (tener) muchas oportunidades de divertirme pronto, pero necesito trabajar y ganar dinero para sentirme más seguro de mí mismo.

Hasta la próxima, con abrazos y besos,

José Antonio

M. Mi vida ahora.   ¿Cómo te va ahora? Completa las oraciones siguientes con los verbos apropiados en el subjuntivo.

Modelo: Tengo miedo de que *no haya trabajo para mí el verano que viene.*

1. Me molesta que mi familia _____.

2. Es posible que mi amigo(a) _____

    pero dudo que _____.

3. Me parece triste que muchos estudiantes _____

    pero me parece fantástico que ellos _____.

4. Me gusta que mis clases _____.

5. Es probable que _____

    y espero que _____.

N. Las interacciones.   Haz una oración con cada grupo de palabras. Puedes escribir las palabras en cualquier orden lógico, pero recuerda usar el subjuntivo cuando estés dando un consejo o una recomendación, o expresando emoción o duda.

Modelos: yo / el jefe / parecer triste / no amar el trabajo
              Me parece triste que el jefe no ame el trabajo.
              OR *Al jefe le parece triste que yo no ame el trabajo.*

              los empleados / Anita / gustar / pensar
              Los empleados piensan que a Anita le gusta el trabajo.
              OR *Anita piensa que a los empleados les gusta el trabajo.*

1. la jefa / los empleados / pensar / trabajar demasiado

    _____

2. el jefe / los trabajadores / temer / no ser honesto

    _____

3. el gerente / los obreros / sentir / ser perezoso

    _____

4. la profesora / los estudiantes / molestar / ser trabajador

    _____

5. nosotros / los profesores / pensar / ser fantásticos

    _____

6. mi amigo(a) / yo / esperar / escuchar problemas

    _____

Vocabulario: Los conflictos

O. Diálogo.   Lee las siguientes conversaciones que tienen lugar después de un día difícil en el trabajo. Después completa la conversación con la forma correcta de la palabra apropiada de la lista.

ceder / confiar / desconsiderado / disputa / frustrado / funcionar / insensible / interrumpir / llegar a un acuerdo / pelea / ponerse / preocupado / salir / sorprenderse / terminar

Nombre _____ Fecha _____

Esposa: ¡Qué día horrible! Nada _____ bien hoy durante mi presentación importante

enfrente del conjunto de jefes.

Esposo: ¿Qué te pasó? ¿Había _____ o _____?

Esposa: Creo que sí. Estaba presentando mis ideas sobre dónde establecer los sucursales nuevos cuando

_____: entraron a la sala Francisco Díaz y Sandía Perkins. Se sentaron en la mesa,

pero no dijeron nada. Luego, después de unos seis o siete minutos, Sandía se levantó la mano y me pidió:

«María, por favor, haznos un resumen corto de todo. La Sra. Álvarez tiene que reunirse con Francisco y

yo en cinco minutos aquí en esta sala.» Pues, ¡qué _____ de ella!

Esposo: ¿Qué hiciste, querida?

Esposa: Les dije a todos que la reunión fue muy importante y que teníamos que resolver algunos asuntos

hoy; así, no podíamos tener prisa. Les dije a Francisco y Sandía: «Les recomiendo que

_____ y que esperen a la Sra. Álvarez en su oficina. Es preciso que no

sean _____ y que nos dejen terminar la reunión.» Francisco y Sandía

comenzaron a salir, pero la Sra. Álvarez anunció: «María, todo de la empresa nuestra es importante.

Ojalá que puedas terminar la presentación tuya en diez minutos.»

Esposo: Y, ¿pues... ?

Esposa: ¿Qué pude hacer? Tuve que _____. Nosotros _____

rápidamente en cuanto a los sucursales, pero no estuve muy satisfecha con el resultado. Por fin, todo

_____. Pensaba que todos trabajábamos bien, que nos llevábamos bien, pero

parece que no puedo _____ en nadie en esta empresa.

P. Es mejor... Dale algunas sugerencias *(suggestions)* a un(a) compañero(a) de trabajo sobre cómo se puede tener éxito en el trabajo. Para cada una de las acciones negativas de la primera columna escoge una estrategia más exitosa *(successful)* en la segunda columna.

Modelo: En vez de sentirse frustrado, es mejor *confiar en el sistema.*

En vez de...

_____ 1. ceder o reñir, es mejor...   a. llegar a un acuerdo

_____ 2. ser insensible, es mejor...   b. promover un ambiente positivo

_____ 3. ponerse tenso cuando hay problemas, es mejor...   c. ser creativo y delegar el poder

_____ 4. no asumir ningún riesgo, es mejor...   d. ser trabajador y cumplidor

_____ 5. ser empleado desconsiderado, es mejor...   e. tener respeto mutuo el uno para el otro

Q. Los conflictos que tengo. Describe a la gente con la que te asocias contestando las preguntas siguientes.

Modelo: ¿Con quién(es) peleas mucho ahora? ¿Sobre qué?
Peleo mucho con mis compañeras de cuarto sobre el uso de la computadora. ¡Ellas son tan desconsideradas!

¿Con quién(es)...

1. te disgustas en la universidad? ¿Por qué?

_____

_____

2. te llevas muy bien en la familia? ¿Por qué?

_____

_____

3. reñías frecuentemente de niño(a)? ¿Sobre qué?

_____

_____

4. llegaste a un acuerdo recientemente? ¿Sobre qué?

_____

_____

5. te sentiste ofendido(a) recientemente? ¿Qué pasó?

_____

_____

Síntesis

R. El jefe perfecto (La jefa perfecta).   ¿Has tenido alguna vez un jefe o una jefa perfectos? O te ha dicho alguna vez alguien que su jefe es «el jefe perfecto» o su jefa «la jefa perfecta»? Escribe de cuatro a cinco oraciones sobre uno de los temas a continuación asegurándote de contestar las preguntas adjuntas *(accompanying)*.

1. Una vez tuve el jefe perfecto (la jefa perfecta).
   ¿Cómo era? ¿Qué hacía y no hacía? ¿Por qué te gustaba tanto?

2. Mi jefe(a) ahora es perfecto(a).
   ¿Cómo es? ¿Qué hace y no hace? ¿Por qué te gusta tanto?

3. Me dijo mi amigo(a) que su jefe(a) fue perfecto(a).
   ¿Cómo era? ¿Qué hacía y no hacía? ¿Por qué le gustaba tanto?

Atajo

Phrases/Functions: Describing people
Vocabulary: Professions, trades
Grammar: Preterite and Imperfect

Tema: _____

_____

_____

_____

_____

_____

_____

_____

_____

_____

_____

_____

_____

Tema 3 Relaciones de pareja

Vocabulario: Amor, noviazgo y matrimonio

S. Es decir... Empareja la descripción de la primera columna con la frase de la segunda columna que exprese la misma idea. **¡OJO!** No se van a usar todas las frases.

Modelo: Hace un año ya que ellos salen juntos. Es decir, *son novios.*

a. ella fue infiel.

b. es comprometido.

c. es soltera.

d. es viudo.

e. están comprometidos.

f. salimos juntos.

g. se casan por lo civil.

h. se divorcian.

i. se enamoraron a primera vista.

j. viven juntos.

_____ 1. Ella no tiene esposa. Es decir,...

_____ 2. El pobre: su esposa murió. Es decir,...

_____ 3. Joaquín acaba de darle a Darcy un anillo. Es decir,...

_____ 4. Los esposos van a terminar para siempre el matrimonio. Es decir,...

_____ 5. Adolfo y Estafanía comparten un apartamento pero no están casados. Es decir,...

_____ 6. Ella es mi novia. Es decir,...

_____ 7. Mis tíos se separan porque ella salió con otro hombre. Es decir,...

_____ 8. David y Julieta se conocieron y se casaron después de seis meses. Es decir,...

T. Las actividades y los sentimientos. En cada una de las situaciones siguientes describe (a) la emoción típica y (b) la reacción típica.

Modelo: Una mujer que acaba de comprometerse *está muy, muy alegre* y por eso *llama por teléfono a todos para decirles la noticia.*

1. El día de la boda, la novia (a) _____ y por eso (b) _____.

2. Los viudos nuevos (a) _____ y por eso (b) _____.

3. En la primera cita de novios, el hombre (a) _____ y por eso

(b) _____ mientras que la mujer (a) _____ y

por eso (b) _____.

4. Algunos niños de padres divorciados (a) _____ y por eso

(b) _____.

U. La abuelita. Combina las frases de la columna A con frases de la columna B para expresar los consejos que la abuela da sobre el matrimonio. Añade información adicional, si quieres. Usa todas la palabras de ambas columnas pero no uses las de la columna A más de una vez.

Modelo: pedir / no vivir juntos
Les pide que ellos no vivan juntos.

Column A	Column B
pedir	casarse por la iglesia
ojalá	confiarse
ser preciso	mantener un buen sentido de humor
recomendar	no reñir
	respetarse
	saber escuchar
	salir juntos dos años antes de casarse
	ser fieles

1. _____

2. _____

3. _____

4. _____

5. _____

6. _____

7. _____

8. _____

V. Tus consejos.   Si un amigo(a) te pidiera *(would ask you)* consejo sobre el amor, ¿qué le dirías? Completa las siguientes oraciones usando el subjuntivo o el indicativo según sea necesario.

1. Para llevarte bien con tu novio(a)

_____

2. Es importante que tú

_____

3. Ojalá que los dos

_____

4. Espero que él (ella)

_____

5. Les aconsejo que

_____

6. Creo que tú

_____

7. Insisto en que

_____

8. Es cierto que Uds.

_____

Funciones y estructuras: *Talking about hypothetical situations with the subjunctive in adjective clauses*

W. Lo actual vs. lo ideal.   Lee los siguientes pares de oraciones en inglés y después exprésalos en español. Asegúrate de usar el subjuntivo cuando la situación de que se trata sea hipotética.

Modelos: I have a (male) cousin who is getting married on Saturday.
Tengo un primo que se casa el sábado.

My (male) cousin doesn't want a girlfriend who wants to get married soon.
Mi primo no quiere una novia que desee casarse pronto.

1. a. I prefer a roommate who does not smoke.

    _____

    b. My roommate smokes, but he wants to quit.

    _____

2. a. For our wedding, we need a church that is close to the hotel.

    _____

    b. Our church is on the corner of Central Avenue and Red Street and is near the hotel.

    _____

3. a. Young people need to study, but they also need to have fun.

    _____

    b. I hope that my future is fun and interesting.

    _____

4. a. We have the best (female) friends! They are trustworthy and patient and they are always eager to help us.

    _____

    b. We are looking for (female) roommates who are honest and who want to share everything.

    _____

Síntesis

X. Según mi experiencia...   ¿Qué consejo puedes dar sobre los asuntos *(topics)* siguientes? Combina los rasgos *(traits)* de personalidad y las metas de la columna A con los verbos de la columna B. No uses ningún verbo más de dos veces. Sé creativo(a) y usa la imaginación al formular tu consejo.

Modelo: En cuanto al trabajo: si te gusta mucho la naturaleza + no ser buena idea
Si te gusta mucho la naturaleza, no es buena idea que consigas empleo en un rascacielos en una ciudad grandísima.

A	B
Si aspiras divertirte mucho	necesitar
Si eres activo(a) y deportista	no buscar
Si eres bien sensible	no ser buena idea
Si te importa mucho la familia	ojalá
Si eres tímido(a) y no quieres encargarte de mucho	querer
Si te gusta asumir muchos riesgos	ser importante
Si no quieres reñir nunca con tu pareja futura	
Si no te llevas bien con la gente rígida y firme	
Si te gusta mucho la naturaleza	
Si te gusta viajar y conocer culturas nuevas	

1. En cuanto al amor:

   a. _____

   b. _____

2. En cuanto a las clases y los profesores en la universidad:

   a. _____

   b. _____

3. En cuanto al trabajo:

   a. _____

   b. _____

4. En cuanto a la tecnología:

   a. _____

   b. _____

Autoexamen

I. Vocabulario

A. ¡Adivina!   Escoge la palabra o la frase que conteste la pregunta o complete mejor la oración.

_____ 1. ¿Cuál no es característica de un buen jefe?
a. Promueve un ambiente negativo.   b. Es firme.   c. Habla y deja hablar.

_____ 2. Normalmente, antes de casarse, los novios...
a. se separan   b. están comprometidos   c. son viudos.

_____ 3. En las culturas hispanas, hay dos tipos de matrimonio: ...
a. legal e ilegal   b. insensible y generoso   c. por lo civil y por la iglesia

_____ 4. Si tu amiga..., ella está dispuesta a ayudarte.
a. se preocupa por ti   b. es paciente   c. corrige todos los errores

_____ 5. Mi jefa siempre dice: «Necesito empleados que...»
a. sean solteros   b. riñan   c. se lleven bien

B. ¿Cuál es diferente?   Para cada uno de los grupos siguientes escoge la palabra que *no* corresponde al grupo, y después escribe en inglés cómo la palabra se diferencia de las otras.

1. corregir   juzgar   fallar   aceptar

_____

2. empleada   jefa   compañera   esposa

_____

3. amigo   viudo   divorciado   casado

_____

4. conocerse   comprometerse   casarse   enamorarse

_____

5. aconsejar   sugerir   creer   recomendar

_____

II. Estructuras

C. El subjuntivo.   Completa las oraciones siguientes con la forma correcta del verbo entre paréntesis. Usa el indicativo o el subjuntivo según lo que indique el contexto.

1. Quiero que mis empleados me _____ (confiar) y _____ (asumir) riesgos.

2. Los novios creen que _____ (casarse) el noviembre próximo.

3. Mis padres dudan que yo _____ (poder) graduarme de esta universidad.

4. A veces, lo único que necesitamos son amigos que simplemente _____ (estar) dispuestos a escucharnos cuando tenemos problemas.

5. La. Sra. Augustine piensa que Marcos _____ (ser) bastante agresivo pero seguro de sí mismo. Sin embargo, ella no cree que él _____ (tener) la responsabilidad para llegar a ser jefe.

6. Para superar el miedo, es preciso que nosotros _____ (aprender) unas estrategias de exposición para que las situaciones problemáticas no nos _____ (provocar) temor.

7. A veces me molesta mucho que mi amiga _____ (ponerse) bien frustrado fácilmente.

8. Me gusta que tú _____ (preocuparse) por mí, pero te recomiendo que no me _____ (dar) más consejos.

9. Me recomiendan que yo no _____ (enamorarse) de la primera persona que yo _____ (conocer).

10. Este año, tengo un novio magnífico: _____ (tener) un buen sentido de humor y me _____ (querer) incondicionalmente.

III. Un poco de todo

D. ¿Positivo o negativo?   Es importante saber el contexto para identificar si una actividad o cualidad es positiva o negativa. Empareja cada situación a continuación con un contexto positivo y un contexto negativo.

a.   Puede ser negativo cuando no tiene tiempo para divertirse o relajarse.

b.   Puede ser negativo cuando un hombre prometió ser fiel a una de ellas.

c.   Puede ser negativo si los empleados no son leales.

d.   Puede ser negativo si los niños pierden contacto con sus padres.

e.   Puede ser negativo si los participantes se pelean y todo falla.

f.   Puede ser positivo cuando un hombre acaba de mudarse a una ciudad nueva y quiere conocer a gente nueva.

g.   Puede ser positivo cuando uno quiere avanzar rápidamente en la empresa.

h.   Puede ser positivo si el jefe y los empleados tiene el respeto mutuo.

i.   Puede ser positivo si elimina la violencia doméstica

j.   Puede ser positivo si promueve que se llegue a un acuerdo.

		Contexto positivo	Contexto negativo
1.	delegar el poder	_____	_____
2.	divorciarse	_____	_____
3.	salir con varias mujeres	_____	_____
4.	ser trabajador agresivo	_____	_____
5.	sufrir un malentendido	_____	_____

Cuaderno de ejercicios

¿Qué quieres hacer?

Tema 1 ¡A mantenernos en forma!

Vocabulario: La buena salud

A. Asociaciones. Abajo hay dos grupos de palabras relacionadas con el tema de la salud. Agrúpalas en pares similares. Sigue el modelo.

> **Grupo A:** aumentar / calentamiento / distraer / ganar / la salud / perder / vitaminas
> **Grupo B:** divertir / el bienestar / estiramiento / incrementar / minerales / reducir / subir

Modelo: **(A)** *hacer ejercicio,* **(B)** *mantenerse en forma*

_____   _____

_____   _____

_____   _____

_____   _____

B. ¿Para qué sirve(n)? Escoge frases de la segunda columna para formar oraciones lógicas sobre el tema de la vida saludable.

Modelo: Levantar pesas sirve para *aumentar nuestra fuerza.*

_____ 1. Las vitaminas y los minerales sirven para...   a. aumentar la capacidad respiratoria.

_____ 2. La meditación sirve para...   b. bajar el nivel de colesterol.

_____ 3. El ejercicio sirve para...   c. hacer una balanza adecuada en la nutrición.

_____ 4. Evitar las grasas animales sirve para...   d. evitar los dolores musculares.

_____ 5. Hacer calentamiento y estiramiento sirve para...   e. ayudar con la digestión y limpiar el cuerpo de toxinas.

_____ 6. Dejar de fumar sirve para...   f. mantenernos en forma.

_____ 7. La fibra sirve para...   g. reducir el estrés y mejorar la concentración.

C. Buenos y malos ejemplos. ¿Puedes identificar a algunos amigos y familiares que son buenos o malos ejemplos de vivir sanamente? Escribe cinco de las frases abajo indicando quién es la persona y cómo demuestra buenas o malas costumbres.

Modelo: (no) tomar las vitaminas
              Mi compañero, Felipe, toma las vitaminas cada día.

1. (no) mantenerse en forma

_____

2. (no) promover el bienestar

_____

3. (no) dejar de fumar

_____

4. (no) evitar...

_____

5. (no) combatir el estrés

_____

6. (no) ganar peso

_____

7. (no) distraerse mucho

_____

D. Consejos para los amigos. Dales a tus amigos consejos según su situación. Emplea cada uno de los verbos de la lista.

Modelo: —No duermo bien las últimas semanas; creo que tengo insomnia.
—*Te aconsejo que bebas leche antes de acostarte. También es preciso que evites el estrés.*

sugerir / aconsejar / ser necesario / ser preciso

1. He perdido 15 libras en un mes.

_____

_____

2. Tengo cuatro exámenes y dos proyectos que entregar la semana próxima y estoy muy estresada.

_____

_____

3. Quiero divertirme mucho en esta ciudad, pero no sé qué hacer.

_____

_____

4. Fumo y bebo, pero sólo en las fiestas.

_____

_____

5. No me llevo bien con mi jefe.

_____

_____

Nombre _____   Fecha _____

Vocabulario: Los problemas médicos

E. Las condiciones médicas. Selecciona la palabra correcta de la lista para terminar las oraciones siguientes. ¡OJO! No se usan todas las palabras de la lista.

Modelo: Si tengo infección, necesito *un antibiótico*.

aspirina / el jarabe / el mareo / enfermarse / la congestión / la gripe / los parásitos intestinales / un yeso / un(a) dentista / una inyección / una radiografía / una receta

1. Si me duele la cabeza, debo tomar _____.

2. Si me caigo del árbol y la pierna está fracturada, primero necesito _____
    para determinarlo y luego van a ponerme _____.

3. Toso mucho. Debo comprarme _____.

4. Si le tengo alergia al polen, a veces recibo _____.

5. Me duelen los dientes. Es necesario que vaya a _____.

6. Con frecuencia, la fiebre es un síntoma de _____.

7. A veces, _____ me afecta el pecho.

8. Si me duele el estómago, puede ser a causa de _____.

9. Cuando necesito un medicamento más fuerte, el médico me da _____
    y la llevo a la farmacia.

F. Los tratamientos.

1. ¿Quién te cuidaba y qué te pasaba normalmente cuando estabas enfermo(a) de niño(a)? Para tres de las situaciones abajo, describe lo que pasaba: ¿quién(es) te ayudaba(n)?, ¿qué (no) tomaba/comía? y ¿cómo te sentías?

Modelo: Cuando tenía mareo, *comía galletas como Saltines y bebía 7-Up*.

   a. Cuando estaba resfriado(a)...

   _____

   b. Cuando tenía una fiebre...

   _____

   c. Cuando iba al médico...

   _____

   d. Cuando me dolía el estómago...

   _____

   e. Cuando necesitaba descanso...

   _____

2. ¿Qué te pasó la última vez que no te sentiste bien? Para tres de las siguientes situaciones, describe lo que hiciste tú o lo que hizo otra persona para ti.

Modelo: Cuando tuve un accidente automovilístico, *mi compañero me llevó al hospital y llamó a mis padres para decirles que estaba bien.*

a. La última vez que estuve resfriado(a)...

_____

b. Cuando tuve una fiebre...

_____

c. Recientemente, cuando fui al médico...

_____

d. La última vez que me dolió el estómago...

_____

e. Cuando necesité descansar...

_____

Funciones y estructuras: *Giving instructions to friends and family using informal commands*

G. La propaganda. Las siguientes oraciones son instrucciones para adultos sobre cómo tener buena salud. Cámbialas para que sean para niños. Escribe el imperativo informal del verbo en cada oración.

Modelo: Nunca nade sin compañero.
              Nunca nades sin compañero.

1. No sea inactivo; mire menos televisión.

_____

2. Haga un poco de calentamiento antes de correr.

_____

3. No coma mucha de las grasas animales.

_____

4. Diviértase al hacer ejercicio.

_____

5. Póngase la ropa y los zapatos apropiados para el deporte.

_____

6. No fume cigarillos ni puros.

_____

7. Tenga cuidado al correr o montar en bicicleta en las calles.

_____

8. Váyase al médico y asegúrese del bienestar antes de comenzar un programa de ejercicio nuevo.

_____

9. Practique un deporte en grupo.

_____

10. Elija un nivel de actividad apropiada al estado general de su salud.

_____

H. No estoy de acuerdo. En cada situación abajo, alguien le dio a una amiga un consejo inadecuado. Corrige el consejo (a) diciéndole a la amiga que no siga el consejo y (b) dándole el consejo tuyo. Usa el mandato informal del verbo entre paréntesis.

Modelo: Para combatir el estrés, bebe mucho alcohol. (beber mucho agua)
No estoy de acuerdo.
a. *No bebas mucho alcohol.*
b. *Bebe mucha agua.*

1. Sí, puedes correr sólo por la noche por el campus. (siempre ir con otra persona)

   No estoy de acuerdo.

   a. _____

   b. _____

2. Si tienes gripe, no descanses mucho. (no asistir a clase)

   No estoy de acuerdo.

   a. _____

   b. _____

3. Para ser leal, discute los problemas de sus amigos con otras personas. (ser comprensivo)

   No estoy de acuerdo.

   a. _____

   b. _____

4. ¿Tienes resfriado? Ponte una curita en la cabeza y llámame mañana. (tomar aspirina o jarabe)

   No estoy de acuerdo.

   a. _____

   b. _____

5. Si te caíste y te duele el brazo, acuéstate inmediatamente. (pedirle al médico que te saque una radiografía)

   No estoy de acuerdo.

   a. _____

   b. _____

6. ¿Vas a pasar dos meses en Sudamérica? No lleves nada de medicina contigo. (comprar un botiquín y ponerlo en la maleta)

   No estoy de acuerdo.

   a. _____

   b. _____

7. Para mantenerse en buena forma, ¡pierde peso rápidamente! (no evitar la comida; comer frutas y legumbres en vez de proteínas)

   No estoy de acuerdo.

   a. _____

   b. _____

I. De niño(a). Escribe una lista de cinco imperativos afirmativos y cinco negativos que de niño(a) te daban tus padres.

Modelo: (afirmativo) *Lávate los dientes ahora.*
(negativo) *No salgas sin la chaqueta.*

Afirmativos	**Negativos**
_____	_____
_____	_____
_____	_____
_____	_____
_____	_____

Síntesis

J. Consejos que pueden salvar vidas. La siguiente información está basada en un artículo que apareció en *Selecciones del Reader's Digest*.

Vocabulario:

gritar *to shout*
socorro / socorristas *help, rescue / rescuers*

_____ 1. Lee los titulares y sólo el primer párrafo. Después, contesta la siguiente pregunta.

¿Este artículo es más apropiado para qué sección de la revista?

a. Instrucciones prácticas   b. Un drama de la vida actual   c. Las profesiones y su historia

2. Ahora, busca en la siguiente lista las frases que corresponden con las líneas en blanco en el artículo y escríbelas en los sitios apropiados.

aprender a dar reanimación cardiopulmonar (RCP)   no correr riesgos
cooperar con la brigada de socorro   no meterle nada en la boca a una persona convulsa
esperar a que llegue la ambulancia   no usar torniquetes
llamar al teléfono de emergencias   nunca sacar a un herido de un auto
no acostarle la cabeza de la víctima en una   orientar a los socorristas
    almohada.

Consejos que pueden salvar vidas

por Jeanie Wilson

Lo que los socorristas recomiendan en caso de accidente

«La mayoría de las veces, cuando llegamos al lugar del accidente, nadie está haciendo nada aparte de gritar», dice el paramédico Russ McCallion. «Todos los días hay muertes que podrían evitarse.»

He aquí lo que, en opinión de los socorristas, todo el mundo debe saber para poder atender una urgencia.

1. *aprenda a dar reanimación cardiopulmonar (RCP)*

Si la respiración y el pulso cesan, el cerebro puede sufrir daños irreparables en un lapso de entre cuatro y seis minutos.

---

2. _____

No hay que perder una vida por salvar otra.

3. _____

No pierdes tiempo dudando si es urgencia o no.

4. _____

Es una sala de urgencias sobre ruedas, provista de oxígeno, tablillas, aparatos para inmovilizar la columna vertebral, desfibriladores y otros instrumentos y medicamentos.

5. _____

Se debe ver fácilmente el número de la casa o del edificio, de día o de noche.

6. _____

Cuando lleguen los socorristas, se debe apartarse y dejarles espacio libre para que hagan su trabajo.

7. _____

Con este tipo de tratamiento, se corre el riesgo de perder el miembro por falta de circulación.

8. _____

Si la víctima se ha fracturado la columna vertebral, un movimiento inadecuado puede dañarle la médula espinal y quedarle paralítica o matarla.

9. _____

Es mejor dejar que el ataque siga su curso.

10. _____

Esto dificulta la respiración, sobre todo si la persona está inconsciente y la lengua se ha relajado y obstruye la garganta.

Tema 2　La diversión en la selva urbana

Vocabulario: Los deportes urbanos

K. El equipo necesario. Para cada deporte, haz una lista del equipo necesario usando las palabras a continuación. Marca cada uno como necesidad (N) u opción (O).

Modelo:　el squash:

gafas protectoras (N), pelota (N), raqueta (N), traje especial (O)

arnés / cancha / casco / codera / cuerda / gafas protectoras / pelota / raqueta / rodillera / traje especial

el tenis

_____　　　_____

_____　　　_____

_____　　　_____

_____　　　_____

_____　　　_____

la natación

arnés / cancha / casco / codera / cuerda / gafas protectoras / pelota / raqueta / rodillera / traje especial

los bolos

_____

_____

_____

_____

_____

el fútbol

_____

_____

_____

_____

_____

el ciclismo

_____

_____

_____

_____

la escalada libre

_____

_____

_____

_____

el patinaje en línea

_____

_____

_____

_____

_____

L. Clasificaciones.   Identifica el (los) deporte(s) descritos en cada oración.

Modelo: Un deporte en que corres mucha distancia:
                el béisbol, el fútbol americano

el béisbol / el ciclismo / el fútbol americano / el patinaje en línea / el ráquetbol / el squash / el tenis / la escalada libre

1. Lo practicas sólo: _____

2. Tiras con las manos: _____

3. Puedes jugarlo al cubierto: _____

4. Necesitas piernas fuertes para pedalear: _____

5. Golpeas pelotas con raquetas: _____

6. Jalas con cuerda y/o usas los brazos y las piernas para subir o una montaña o una estructura:

    _____

M. Lo bueno y lo malo.   Da tus opiniones en cuanto a las ventajas y desventajas de los siguientes deportes urbanos terminando la oración de una manera lógica.

Modelo: Lo bueno de jugar al cubierto es que *puedes jugar todo el año pero lo malo es que no puedes*
                aprovechar del buen tiempo para broncearte y respirar el aire puro.

1. Lo bueno de los bolos es que _____

   pero lo malo es que _____ .

2. Lo bueno del ciclismo es que _____

   pero lo malo es que _____ .

3. Lo bueno de la escalada libre es que _____

   pero lo malo es que _____ .

4. Lo bueno del patinaje en línea es que _____

   pero lo malo es que _____ .

5. Lo bueno de todos los deportes urbanos es que _____

   pero lo malo es que _____ .

N. El deporte ideal. Para dos de los siguientes deportes, identifica a un(a) amigo(a) o a un(a) familiar a quien le va a gustar o ser beneficioso. Luego, en tres o cuatro oraciones, explícale por qué le sugieres el deporte y qué necesita hacer él (ella) para aprenderlo y/o jugarlo.

Modelo: *el surfing: mi primo Heather*
Heather, te recomiendo que practiques el surfing. Te gusta la natación y eres muy atlética y aventurera. Primero, vete a Costa Rica para un verano y toma clases de surf. Luego, cómprate una tabla y múdate a Hawai para surfear todos los días.

Atajo

Phrases/Functions: Encouraging; Persuading
Vocabulary: Sports
Grammar: Verbs: subjunctive, imperative **(tú)**

Deportes posibles: los bolos / el ciclismo / la escalada libre / el patinaje en línea

1. _____

   _____

   _____

   _____

   _____

   _____

2. _____

   _____

   _____

   _____

   _____

   _____

Vocabulario: La televisión

O. Programas y películas. Empareja los títulos a la izquierda con la categoría correcta a la derecha.

_____ 1. *Batman and Robin; Under Siege 2; Wild, Wild, West*   a. canales

_____ 2. «Jeopardy»; «The Price Is Right»; «Let's Make a Deal»   b. dramas

_____ 3. NBC; HGTV; ESPN2   c. musicales

_____ 4. *Scream; Psycho; Halloween*   d. películas de acción

_____ 5. *Sense and Sensibility; Tucker; Stepmom*   e. películas de ciencia-ficción

_____ 6. *Silence of the Lambs; Misery; A Perfect Murder*   f. películas de dibujos animados

_____ 7. *Snow White; Aladdin; The Brave Little Toaster*   g. películas de misterio y suspenso

_____ 8. *Sphere; Star Trek Insurrection; 2001: A Space Odessey*   h. películas de terror

_____ 9. «The Sonny and Cher Show»; «Hee Haw»; «Sábado Gigante»   i. programas de concurso

_____ 10. «The Young and the Restless»; «General Hospital»; «Dallas»   j. programas de variedades

_____ 11. *West Side Story; Mary Poppins; Showboat*   k. telenovelas

Funciones y estructuras: *Expressing purpose, stipulation, or future time frame with the subjunctive in adverbial clauses*

P. ¿Cuál es más lógico?   Selecciona la razón más lógica para completar cada oración.

_____ 1. Ponte el casco...
   a. para que te choques con un auto.
   b. antes de que salgas en bicicleta.

_____ 2. No voy a alquilar más vídeos...
   a. hasta que bajen los precios.
   b. con tal de que yo haga más ejercicio.

_____ 3. Permitimos que los niños vean las películas...
   a. a fin de que se peleen.
   b. a menos que haya mucho sexo y violencia.

_____ 4. Algunas personas practican la escalada libre...
   a. en cuanto tengan miedo de las alturas.
   b. para que puedan pasar tiempo en las montañas.

_____ 5. Se presentan las noticias a las diez...
   a. después de que se apaguen los televisores.
   b. antes de que la gente se haya acostado.

_____ 6. ..., vamos a hacer más ciclismo.
   a. Cuando haga más calor durante el día.
   b. A fin de que ganemos más peso.

Q. Las intenciones de las diversiones.   Frecuentemente, las diversiones dependen de varios factores (la hora, el tiempo, las obligaciones, etc.). Escribe oraciones completas con los elementos dados. Usa el subjuntivo cuando sea necesario.

Modelo: sí, mi hijo / poder patinar en el parque / con tal de que / encontrar / las coderas y rodilleras
   Sí, mi hijo, puedes patinar en el parque con tal de que encuentres las coderas y rodilleras.

1. yo / hacer el ciclismo / para que / perder algo de peso

_____

_____

2. mi amigo Rafael y yo / mirar «Home Improvement» / a menos que / salir a patinar

_____

_____

3. ¿tú / preferir / practicar / la escalada libre / o / alquilar vídeos?

_____

_____

4. Ana María / llamarme / antes de que / ir de compras

_____

_____

5. cuando / yo tener el tiempo / ir a jugar squash

_____

_____

6. en cuanto / haber / una película nueva de Mel Gibson / nosotros pensar / verla

_____

_____

7. ser buena idea / nosotros jugamos / fútbol mañana / a menos que / llover

_____

_____

8. no molestarme / alquilar los vídeos / porque / vivir cerca de / la tienda

_____

_____

9. Magda / tener resfriado / y / no poder / jugar a los bolos; / así / nosotros deber / esperar / hasta que / ella sentirse mejor

_____

_____

10. cambiar (tú) el canal / para que / los niños / no mirar / esa telenovela malísima

_____

_____

R. Mis planes. Completa las oraciones siguientes de manera lógica.

Modelo: Yo he comprado un equipo nuevo de coderas y rodilleras en caso de que *salgamos a patinar en el parque este fin de semana.*

1. (No) Voy a hacer ejercicio a menos que _____.

2. Necesito estudiar _____ para que mi familia _____.

3. Pienso jugar _____ hasta que _____.

4. Mis amigos van a salir juntos este fin de semana con tal de que yo _____.

5. Cuando yo termine con los estudios, _____.

6. Quiero ir al parque y hacer el patinaje en línea en cuanto _____.

7. En caso de que haga mal tiempo esta noche, pienso _____.

8. Cuando mis amigos y yo _____, vamos a alquilar unos vídeos para mirarlos.

Síntesis

S. Los fines de semana. Normalmente durante el fin de semana, gozamos de nuestras actividades favoritas. Escribe un párrafo de seis a ocho oraciones sobre tu actividad favorita. Incluye la siguiente información y usa las preguntas como guía.

- ¿Qué te gusta hacer los fines de semana y por qué? **Prefiero/Me encanta... / para que...**
- ¿Lo haces sólo o con otros? ¿Por qué? **(No) Prefiero que me acompañe...**
- ¿Cómo te preparas para hacer la actividad? **Primero..., luego..., por fin...**
- ¿Qué pasa cuando no salen bien los planes? **En caso de que... / A menos que...**

Atajo

Phrases/Functions: Persuading; Talking about habitual actions
Vocabulary: Leisure; Media; Sports
Grammar: Verbs: subjunctive

_____
_____
_____
_____
_____
_____
_____
_____
_____
_____
_____
_____
_____
_____
_____
_____
_____
_____

Tema 3 Panorama cultural

Vocabulario: Las artes plásticas

T. Clasificaciones. Pon cada palabra de la lista en la categoría más apropiada.

Modelo: Persona: *artista*

dibujo / cultura masiva / escena / escultor / escultura / fotografía / galería de arte / luz / paisaje / pintor / pintura / proporción / sala

Persona

_____
_____
_____
_____
_____

Tipo de arte

_____
_____
_____
_____
_____

Lugares

_____
_____
_____
_____
_____

Técnicas

_____
_____
_____
_____
_____

Imágenes

_____
_____
_____
_____
_____

Funciones y estructuras: *Talking about the future with the future tense*

U. En el museo. Cambia las expresiones verbales al futuro.

Modelo: Creo que esta muestra *tiene* una tarifa especial de dos pesos.
tendrá

1. *Quiero ver* las obras de los pintores de la Boca. _____

2. *Tenemos que hacer* presentación sobre la pintura del siglo XIX. _____

3. Manolo, *¿vas a presentar* los dibujos en la galería el viernes? _____

4. ¿Qué *pueden decir* los visitantes de nuestra colección de fotografías? _____

5. Oí que ese grupo de artistas *produce* una serie nueva de escultura argentina para la exposición el año próximo. _____

6. ¡Después de dos horas aquí, *quiero comer* inmediatamente! _____

7. ¿*Sabe* Ud. dónde están las obras de Pueyrredón? _____

8. ¿*Permiten* Uds. que tomemos fotografías? _____

9. *Puedes* encontrar más información sobre ese escultor en la biblioteca del museo.

   _____

10. *Van a poner* las obras de la exposición especial en la Sala B, planta baja. _____

V. Lo que haremos de viaje. Usa los elementos abajo para formar oraciones completas sobre un viaje futuro a Argentina. Usa el futuro de los verbos y explica por qué harán Uds. las actividades.

Modelo: algunos / asistir / una presentación sobre arte argentina / para...
Algunos asistirán a una presentación sobre arte argentina para familiarizarse con algunos de los artistas famosos y sus obras.

1. nosotros / visitar / la sede del gobierno / para...

   _____

   _____

2. mis amigos y yo / ir / al estadio / para...

   _____

   _____

3. todos / quedarse / en el centro / para...

   _____

   _____

4. yo / tener que ir al Museo Nacional / para...

   _____

   _____

5. yo / escribir / tarjetas postales a mis familiares / para...

   _____

   _____

6. haber / oportunidades / de hablar con mucha gente / para...

   _____

   _____

7. muchos de los estudiantes / salir por la noche / para...

   _____

   _____

8. nosotros / hacer un viaje / a Patagonia / para...

   _____

   _____

W. Las posibilidades después de la graduación. ¿Qué harás después de graduarte de la universidad? Completa las oraciones con el futuro o subjuntivo según tus planes.

Modelo: Cuando consiga un trabajo, *empezaré a ahorrar dinero.*

1. Cuando yo tenga diez años más, _____.

2. Viajaré a muchos países cuando _____.

3. Toda mi familia se reunirá para que _____.

4. Unos amigos y yo _____

    hasta que _____.

5. En cuanto tenga mi propia casa _____.

6. _____ cuando gane lo suficiente.

Síntesis

X. Predicciones.   Selecciona uno de los temas abajo y escribe un párrafo de seis a ocho oraciones sobre las novedades *(fads)* y los cambios que esperas ver en los próximos 20 años.

*   La salud y el bienestar
*   Las artes: la música, la televisión, la moda
*   La tecnología y la educación

Incluye lo siguiente:

*   ¿Qué será nuevo y diferente? ¿Quiénes serán los líderes de esos movimientos?
*   ¿Qué significará todo eso para ti, tu familia y la sociedad en general?

Usa el futuro y el subjuntivo cuando sea necesario.

Tema: _____

_____

_____

_____

_____

_____

_____

_____

_____

_____

_____

_____

_____

_____

_____

Autoexamen

I. Vocabulario

A. ¡Adivina!   Selecciona la palabra o frase que mejor complete la oración.

_____ 1. Si necesito medicina, a veces el médico me da... para llevar a la farmacia.
a. una receta   b. una pastilla   c. un yeso

_____ 2. Para hacer la escalada libre, un atleta necesita...
a. la cabeza dura   b. el estómago lleno   c. los brazos fuertes

_____ 3. En esta sala, se puede ver... de la escultura argentina.
a. el orden   b. muestras   c. escenas

_____ 4. Para promover el bienestar, nos sugieren que tomemos... diariamente.
a. vitaminas   b. productos refinados   c. grasas animales

_____ 5. —¿Qué tal? ¿Todavía están enfermos Uds.?
—No, hoy nos sentimos...
a. incapacitados   b. peor   c. mejor

_____ 6. Si haces el patinaje en línea, necesitarás...
a. casco y rodilleras   b. arnés y cuerda   c. pelotas y raqueta

_____ 7. ¡Nos encantan las películas de... como *Godzilla* o *Alien*.
a. terror   b. ciencia-ficción   c. suspenso

_____ 8. Hagan... para incrementar la elasticidad.
a. bolos   b. estrés   c. estiramiento

B. ¿Cuál es diferente?   Para cada grupo de palabras, identifica el elemento que no pertenece y explica en inglés por qué es diferente.

1. obra   artista   pintor   escultor

_____

2. escalar   jalar   tirar   pedalear

_____

3. yeso   aspirina   inyección   curita

_____

4. raqueta   casco   rodillera   arnés

_____

5. cable   cartelera   canal   cine

_____

6. hombros   pies   rodillas   piernas

_____

7. alergia al polen   congestión   dolor de estómago   tos

_____

8. exposición   proporción   sala   galería

_____

II. Estructuras

C. Instrucciones. Cambia los verbos en las siguientes oraciones a imperativos informales singulares. Si es afirmativo, da la forma negativa y vice versa.

Modelos: Estudien esta noche.
No estudies esta noche

No crucen la calle.
Cruza la calle.

1. Pónganse la chaqueta. _____

2. No haga la tarea. _____

3. Hable en voz alta. _____

4. No se divierta en la universidad. _____

5. No vaya a la biblioteca. _____

6. Arriesguen la salud. _____

7. No practiquen muchos deportes. _____

8. No los llame tarde por la noche. _____

9. No salgan sin muchos amigos. _____

10. Distraiga a tus amigos. _____

D. Expresiones de ahora y del futuro. Completa las oraciones escribiendo la forma apropiada del verbo entre paréntesis. Usa el presente, el subjuntivo o el futuro según el contexto.

1. _____ (sentirse) mejor Uds. cuando _____ (tomar) el jarabe, con tal de que _____ (descansar) también.

2. Los especialistas nos recomiendan que _____ (hacer) ciclismo para mantenernos en forma.

3. El año próximo, yo _____ (ir) a Argentina para escalar las montañas en cuanto mi amigo Rafael _____ (poder) ir conmigo.

4. La médica me recetó el antibiótico para que _____ (desaparecer) la infección.

5. A menos que _____ (haber) desastre y que no _____ (venir) nadie a la exposición, las muestras _____ (estar) en la sala hasta el octubre próximo.

6. Si _____ (dejar) tú de fumar, _____ (vivir) unos sesenta años más.

7. Después de que nosotros _____ (ir) al museo, les _____ (decir) el significado de ese movimiento de arte abstracto.

8. Unas ventajas del ejercicio _____ (ser) que nos _____ (distraer) y _____ (promover) el bienestar.

9. Cuando _____ (participar) tú en los deportes, _____ (bajar)

   de peso y _____ (reducir) el estrés.

10. Es importante que nosotros _____ (leer) la cartelera de televisión en caso de que

    _____ (presentarse) un programa de deportes esta noche.

III. Un poco de todo

E. Un viaje futuro. Tu amigo(a) piensa estudiar en Buenos Aires el verano que viene. Escríbele un mensaje de correo electrónico con tus consejos sobre qué debe (no debe) hacer. Usa el formato siguiente.

> **Amigo mío/Amiga mía...,** tres imperativos informales
> **Es importante que...,** tres recomendaciones
> **Cuando estés allí...,** tres actividades que piensas que él (ella) hará (o no hará)

Sugerencias:

- asistir a una exposición sobre el pintor Quinquiela San Matín
- caminar por las calles y conocer a mucha gente
- divertirse lo tanto posible
- escribirme una tarjeta postal cada día
- hacer unos viajes fuera de Buenos Aires
- no hacer muchas llamadas de larga distancia, usar el correo electrónico
- no ver muchas películas de los Estados Unidos
- para ejercicio, correr en los parques o nadar en la piscina de la universidad
- ponerse la ropa típica bonaerense

Querido(a) _____:

_____

_____

_____

_____

_____

_____

_____

_____

_____

_____

_____

_____

_____

_____

Tu amigo(a),

_____

Cuaderno de ejercicios

CAPÍTULO 11

Mirando hacia el futuro

Tema 1 Proyectos personales

Vocabulario: Mis aspiraciones

A. Unas aspiraciones famosas.   Completa las oraciones con la forma correcta de la palabra o frase de la lista abajo. No es posible usar una palabra o frase más de una vez.

alcanzar / aspirar a / constancia / disciplina / enfrentar / éxito / lograr / llegar a ser / mucha suerte / paciencia

1. Donald Trump se hizo rico invirtiendo en bienes raíces, pero si quieres hacerte rico(a) ganando la lotería,

    tienes que tener _____.

2. Martin Luther King, Jr. no _____ su sueño de crear una sociedad totalmente

    equitativa.

3. Muhammed Ali _____ ser el boxeador más famoso del mundo.

4. Mahatma Gandhi adoptó la actitud de la resistencia pacífica; tuvo _____ en sus

    creencias *(beliefs)* y _____ para promover un cambio social a través de años.

5. Rosa Parks _____ el racismo personal.

6. Michael Jordan no _____ su meta de jugar béisbol profesionalmente.

7. George H. Bush fue director del CIA, embajador a China, vicepresidente y finalmente

    _____ presidente de los EEUU en 1988.

8. Los campeones olímpicos tienen que tener _____ en practicar para tener

    _____ y luego ganar las medallas de oro.

B. Cómo éramos.   Completa las oraciones según tu experiencia en el colegio.

Modelo: Mi hermano era muy deportista y jugaba en un equipo de golf. *El tenía la disciplina para practicar cada día después de las clases por tres horas.*

1. En la escuela secundaria, yo tenía la ilusión de ser _____.

2. También, aspiraba a _____.

3. Pensaba que lograría *(would achieve)* mis aspiraciones porque era _____

    _____.

4. Una persona ejemplar que seguía era _____

    porque _____.

5. Mi amigo(a) _____ era diferente; no tenía _____

    así que él (ella) _____.

C. Para alcanzar las metas. Completa las oraciones abajo con dos recomendaciones. Usa el verbo entre paréntesis y cuando sea necesario, añade pronombres y usa el subjuntivo.

Modelo: Si quieres tener más paciencia en los desacuerdos, (querer)
              quiero que cuentes hasta diez antes de hacer algo y que pienses antes de hablar.

1. Si una persona quiere llegar a ser rica, (sugerir) _____

    _____.

2. Si aspiras a tener una familia unida, (recomendar) _____

    _____.

3. Para tener disciplina en los estudios, los alumnos (deber) _____

    _____.

4. Para tener éxito después de graduarse, a los alumnos les (ser importante) _____

    _____.

5. Al enfrentar muchos retos, te (aconsejar) _____

    _____.

Funciones y estructuras: *Expressing conjecture or probability with the conditional mode*

D. Lo que haríamos de viaje. Completa el siguiente párrafo con la forma condicional de los verbos entre paréntesis.

Modelo: (nosotros—ir) *Iríamos* de compras a Valparaíso.

A mí (gustar) _____ viajar a Sudamérica después de graduarme. ¿(tú—viajar)

_____ conmigo? (nosotros—hacer) _____ escalada libre en los

Andes. También, mis amigos en Concepción nos (llevar) _____ a todos los museos y

galerías de arte. Creo que (tú—gozar) _____ de conocer a la gente y practicar el español.

Por supuesto, en junio allí (ser) _____ invierno y (hacer) _____

frío, así que (nosotros—tener) _____ que empacar ropa apropiada.

(nosotros—querer) _____ planear bien y hacer todas las reservas temprano.

¿(tú—poder) _____ hacer este viaje conmigo?

E. Unos sueños no lejanos. Responde a las preguntas con tus deseos personales, usando el condicional.

Modelo: ¿Con quién saldrías para conocerlo(la) mejor y por qué?
              Saldría con Frederico porque es de Chile y quiero saber más de su cultura.

1. ¿Qué te gustaría hacer para relajarte el fin de semana que viene?

    _____

2. ¿Dónde comerías para probar un plato nuevo y qué plato sería?

_____

3. ¿Qué harías para enfrentar un desafío personal?

_____

4. ¿Adónde viajarías en cualquier parte del mundo y por qué?

_____

5. ¿Con qué persona famosa (viva o muerta) te gustaría hablar y qué le preguntarías?

_____

Síntesis

F. ¿A quién admiras? Describe la influencia de un(a) amigo(a), un familiar o una persona famosa en tu vida y en tus metas. Escribe un párrafo de seis a ocho oraciones e incluye la siguiente información.

* ¿Cómo era esta persona y qué hacía de joven en cuanto a sus aspiraciones y los retos?
* ¿Qué hizo una vez en particular que te impresionó tanto?
* ¿Qué haces ahora para alcanzar las mismas metas y tus propios sueños?
* ¿Qué cambiarías en tu vida para hacer realidad tus sueños?

Atajo

Phrases/Functions: Comparing and contrasting; Describing the past; Describing people
Vocabulary: Personality; Professions; Upbringing
Grammar: Verbs: imperfect, preterite, present, conditional

_____
_____
_____
_____
_____
_____
_____
_____
_____
_____
_____
_____
_____
_____
_____
_____
_____

Tema 2 Un futuro tecnificado

Vocabulario: Las comodidades de la era electrónica

G. La tecnología que le falta.   Para cada situación, selecciona el aparato apropiado de la lista.

aire acondicionador / antena parabólica / cafetera automática / calentador / computadora / contestador / fax / lavaplatos / puerta automática / sistema de alarma / sistema de regado automático / vídeo grabadora

1. —Me gustaría sentirme más seguro cuando yo esté sola en casa.

   —Pues, te recomiendo que compres _____.

2. —¡Ay! ¡Hace tanto calor este verano que no puedo vivir más aquí!

   —Pues, te recomiendo que compres _____.

3. —Nuestra oficina necesita recibir la documentación de los clientes de una manera más rápida.

   —Pues, les recomiendo que compren _____.

4. —Mi hija siempre se queja de quedarse en la cocina después de comer para lavar y secar todo.

   —Pues, te recomiendo que compres _____.

5. —Mucha gente me llama durante el día cuando no estoy en la oficina.

   —Pues, te recomiendo que compres _____.

6. —No me gusta llegar a casa en la lluvia y tener que bajar del coche para abrir la puerta del garaje.

   —Pues, te recomiendo que compres _____.

7. —Nos gustaría ofrecerles café a los clientes que nos visitan, pero no hay ni cafetería ni cocina en el edificio.

   —Pues, les recomiendo que compren _____.

8. —El sistema de cable en nuestro barrio no nos sirve muy bien. Nos gusta mirar películas y deportes cada noche.

   —Pues, te recomiendo que compres _____.

9. —Ahora que estás en la universidad, vas a tener que escribir muchos trabajos y hacer muchas investigaciones por el Internet.

   —Pues, te recomiendo que me compres _____.

10. —Este año hemos plantado muchas flores en este jardín y queremos que se cultiven bien.

    —Pues, les recomiendo que compren _____.

H. Instrucciones de uso.   Abajo aparecen las instrucciones para programar una videograbadora. Tienes que escoger el verbo apropiado de la lista y escribir la forma correcta. **¡OJO!** Necesitas usar un verbo del presente indicativo, doce mandatos formales plurales y un verbo en el presente subjuntivo.

apagar / aparecer / conectarla / encender / funcionar / insertar / jalar / mirar / oprimir / prender / presionar / programar / seguir

Paso A. Primero, _____ la videograbadora. Para hacer esto, _____

el botón gris a la izquierda. Cuando las luces _____, _____ con el Paso B. Si todavía no _____, _____ por atrás de la máquina y

_____.

Paso B. Luego, _____ la cinta *(the tape)* en la ranura. Ahora, _____

la máquina. Para hacer esto, _____ los botones para el día y las horas de comenzar y ter-

minar de grabar hasta que la información necesaria _____ en la pantalla *(screen)*.

Paso C. Después de grabar el programa, _____ el botón verde a la derecha y luego

_____ la cinta de la ranura. Finalmente, _____ la máquina.

I.   La casa automática.   En el futuro, es posible que las computadoras controlen todos los aparatos en la casa, el coche, la sala de clases, etc. Escribe cuatro oraciones para indicar tus preferencias en cuanto al control de las computadoras en tu vida futura.

Modelo: *Quiero que la computadora de la casa prenda la cafetera automática a las 6:00 y que la apague a las 8:00.*

1.   _____

2.   _____

3.   _____

4.   _____

Funciones y estructuras: *The imperfect subjunctive*

J.   Reacciones y requisitos.   Completa las oraciones con la forma correcta del imperfecto del subjuntivo del verbo entre paréntesis.

1.   Me alegré tanto que mi amigo _____ (ganar) una beca que decidí estudiar para recibir una en el futuro. Ahora, tengo varias para pagar la educación.

2.   Antes, muchas universidades prohibían que los hombres y las mujeres _____ (vivir) en el mismo edificio. Ahora, es común encontrar no sólo edificios sino pisos compartidos entre los dos.

3.   Mis amigos nos recomendaron que _____ (descansar) y _____

     (relajarse) antes de que las clases _____ (comenzar) en la universidad.

4.   De niño(a), yo compartía el dinero con mis amigos para que _____ (comprar) juguetes y dulces; ahora de adulto(a) reservo mi dinero para la matrícula de la universidad, los libros y las necesidades de la vida.

5.   En el pasado, muchas universidades buscaban estudiantes que _____ (saber) latín o

     griego y que _____ (poder) pagar todo sin ayuda financiera. Ahora estos requisitos

     son raros.

6.   Tuve que esperar unos meses hasta que esta universidad me _____ (enviar) la carta de aceptación. ¡Qué alegre estuve al recibirla!

7.   En una clase de literatura, la profesora nos pedía que _____ (leer) dos a tres libros a la semana. Después de terminar la clase, ¡no quería leer ni un libro más!

8.   En el colegio, me molestaba que los maestros nos _____ (dar) mucha tarea. Pero ahora en la universidad, ¡nos dan aún más!

K. Transformaciones. Cambia los verbos necesarios para que las oraciones abajo describan eventos en el pasado. **¡OJO!** Fíjate en la diferencia entre los verbos del pretérito y los del imperfecto de subjuntivo.

Modelo: Les recomiendo a mis padres que compren una computadora para que me envíen correo electrónico.
recomendé, compraran, enviaran

1. Vamos a leer las instrucciones hasta que sepamos instalar el equipo de sonido.

   _____

2. Mi jefa me dice que compre el nuevo programa durante el verano.

   _____

3. Normalmente apago la cafetera automática a las siete para que no se queme el café.

   _____

4. Es necesario que el ejecutivo aprenda sobre la tecnología a fin de que comprenda mejor los avances de la industria.

   _____

5. ¡Qué maravilla! Me alegra tanto que por fin nos traigan y instalen el antena parabólica nueva.

   _____

6. Tengo que apagar mi computadora antes de que Ud. repare el sistema, ¿verdad?

   _____

L. El nuevo mundo técnico. En los años 90, ha habido muchos cambios tecnológicos. Completa las oraciones lógicamente usando el imperfecto del subjuntivo.

Modelo: Era muy importante que yo *comprara una computadora y que pudiera usarla para mis clases.*

1. En los años 90, mucha gente quería hacer conexión al Internet para que

   _____

2. Las compañías de seguros nos recomendaron que

   _____

3. El gobierno de EE.UU. aprobó millones de dólares para que los alumnos del colegio

   _____

4. Algunos amigos compraron antenas parabólicas a fin de que

   _____

5. Yo esperaba que las universidades

   _____

6. A muchos que invertían en las acciones de empresas tecnológicas les preocupaba que

   _____

7. Los expertos médicos nos sugerían a todos que

   _____

8. En cuanto a las computadoras, mi familia quería que yo

   _____

9. Mis amigos y yo dudábamos que la tecnología

_____

10. En cuanto a la tecnología nueva, a mí me molestó mucho que

_____

M. Mi perspectiva. Escribe diez oraciones para expresar tus opiniones sobre el impacto social de la tecnología. Selecciona elementos de las columnas abajo. Tienes que usar cada elemento por lo menos una vez y puedes añadir más información como sea necesaria. **¡OJO!** Los verbos después de los conectores de la tercera columna necesitan aparecer en el imperfecto del subjuntivo.

Modelo: *Toda mi familia estaba alegre de que yo tuviera acceso al Internet para enviarles correo electrónico.*

el gobierno	dudar	a menos que
las empresas	estar feliz	hasta que
los consumidores	necesitar	para que
los profesores	preferir	
mis amigos	querer	
toda mi familia		
yo		

1. _____
2. _____
3. _____
4. _____
5. _____
6. _____
7. _____
8. _____
9. _____
10. _____

Síntesis

N. La propaganda. Viste una serie de anuncios para algo que querías comprar por mucho tiempo y por fin lo compraste pero no resultó ser lo que esperabas. Escríbele una carta de demanda (*complaint letter*) a la empresa. Incluye lo siguiente en la carta.

• Describe el aparato/la cosa.
• Cuenta lo que esperaba de la propaganda. **(Los anuncios me sugerían que...; me indicaban que...)**
• Describe lo que esperabas al tenerlo. **(Quería que...; lo/la compré para que...)**
• Indica cómo te sentías al darte cuenta que no te servía.

Atajo

Phrases/Functions: Describing objects; Writing a formal letter

_____ de _____ de _____

Compañía _____

Departamento de Servicios a los Clientes

Estimado(a) señor(a),

_____

_____

_____

_____

_____

_____

_____

_____

_____

_____

Atentamente,

_____

Tema 3   Utopías

Vocabulario: Un mundo mejor

O. Definiciones.   Empareja la definición con la palabra apropiada de la lista abajo.

a. consumir
b. derechos
c. el medio ambiente
d. la caridad
e. la discriminación

f. la extinción
g. la guerra
h. la indiferencia
i. tolerante
j. vincularse

_____ 1. Es el acto de proveer el dinero, la ropa o las necesidades de vivir a los pobres o a las víctimas de violencia o desastres.

_____ 2. Es el acto de pensarse mejor que otros y por eso negarles las mismas oportunidades o derechos.

_____ 3. Es decir «desaparecer para siempre de la naturaleza».

_____ 4. Es la descripción de una persona que respeta a la gente diferente a pesar de *(in spite of)* sus creencias diferentes.

_____ 5. Es decir «obtener y usar».

_____ 6. En EEUU, incluyen la presencia de una prensa libre, llevar armas, practicar su religión y tener una voz pública.

_____ 7. Es el conjunto de los animales, las plantas, los rasgos geográficos y la gente.

_____ 8. Es decir «participar».

_____ 9. Es el contrario de la paz.

_____ 10. Es el acto de no prestar atención a una situación; es cuando algo no le importa a una persona.

P. ¿Lo sabes? Selecciona la opción que mejor complete la oración.

_____ 1. Una persona que enfrentó la violencia pacíficamente fue...
a. Adolf Hitler   b. Mahatma Gandhi   c. Sylvester Stallone

_____ 2. Una persona que luchó en contra del hambre fue...
a. la Madre Teresa   b. Florence Nightingale   c. Elizabeth Dole

_____ 3. Una organización famosa de la caridad es...
a. The Moral Majority   b. The United Nations   c. The Salvation Army

_____ 4. Los sindicatos (*unions*) como el AFL–CIO intentan crear... entre los trabajadores.
a. el odio   b. la solidaridad   c. la guerra

_____ 5. En EEUU es ilegal manejar el coche si el conductor está...
a. embriagado   b. respetado   c. indiferente

_____ 6. Greenpeace es una organización famosa que está preocupada por...
a. el medio ambiente   b. los derechos humanos   c. la miseria

_____ 7. En muchas universidades los profesores... las enfermedades.
a. invierten dinero en medicinas para curar   b. protegen los animales de
c. hacen investigaciones sobre

Q. Preguntas. Responde a las preguntas según tu experiencia personal.

1. ¿Hay algo que no consumes? ¿Por qué?

_____

_____

2. ¿Qué comida o productos recomiendan los médicos que evitemos y por qué?

_____

_____

3. ¿Qué hacen tus amigos y tú para proteger el medio ambiente? ¿Por qué?

_____

_____

4. ¿Contribuyes tú o algún familiar en alguna campaña educativa o una caridad? ¿Por qué o por qué no?

_____

_____

5. ¿En cuáles organizaciones ambientales o sociales se vinculan muchos de los alumnos de tu universidad? ¿Qué hacen esas organizaciones?

_____

_____

Funciones y estructuras: *Refering to nonexistent or hypothetical conditions with the imperfect subjunctive in conditional si clauses*

R. Las posibilidades. Para cada grupo, escribe una oración describiendo las posibilidades. Para una oración señalada «H», expresa una situación hipotética usando el imperfecto del subjuntivo y el condicional. Para una oración señalada «P», expresa una situación probable con el presente indicativo y el futuro.

Modelo: (nosotros) tener más intercambios sociales / haber más respeto y menos discriminación en el mundo
P: *Si tenemos más intercambios sociales, habrá más respeto para las culturas diferentes.*
H: *Si tuviéramos más intercambios sociales, habría más respeto para las culturas diferentes.*

1. (nosotros) ser más tolerantes / haber menos odio y discriminación en la sociedad

   H: _____

2. (yo) ganar mucho después de graduarse / poder invertir en proteger el medio ambiente

   P: _____

3. (tú) continuar conduciendo embriagado el coche / tener un accidente pronto

   P: _____

4. (el público) consumir menos electricidad / nosotros conservar más energía

   H: _____

5. (yo) estar en Chile / intentar hacer investigaciones sobre los derechos humanos allí

   H: _____

6. haber una guerra nuclear / la gente no poder protegerse

   P: _____

S. Si pudiera mejorar el mundo... Para cada situación hipotética, completa la oración usando el condicional del verbo entre paréntesis.

1. Si tuviera un millón de dólares, (dar)

   _____

2. Si me eligieran al Congreso, (proponer)

   _____

3. Si conociera a unas personas famosas, (pedir)

   _____

4. Si pudiera continuar mi educación, (asistir/tomar)

   _____

5. Si tuviera más tiempo libre, (vincularse)

   _____

6. Si hablara con sólo una persona más en el mundo, (hablar)

   _____

Síntesis

T. ¿Qué cambiarías o no?   Completa cinco de las siguientes situaciones contando qué (no) harías y luego expresando qué (no) ocurrirá como consecuencia.

Modelo: En cuanto a la paz y la guerra:
Si pudiera, *eliminaría las armas nucleares*
porque si *no las eliminamos, nos destruiremos algún día.*

1. En cuanto a la tecnología:

Si pudiera, _____

porque si _____ , _____ .

2. En cuanto a la educación:

Si pudiera, _____

porque si _____ , _____ .

3. En cuanto al medio ambiente:

Si pudiera, _____

porque si _____ , _____ .

4. En cuanto a mis relaciones con la familia o los amigos:

Si pudiera, _____

porque si _____ , _____ .

5. En cuanto a la violencia y miseria hoy en día:

Si pudiera, _____

porque si _____ , _____ .

6. En cuanto a los efectos de películas y televisión en los niños:

Si pudiera, _____

porque si _____ , _____ .

7. En cuanto a la situación económica mundial:

Si pudiera, _____

porque si _____ , _____ .

Autoexamen

I. Vocabulario

A. ¡Adivina! Selecciona la palabra o frase que mejor complete la oración.

_____ 1. La policía arrestó al Sr. Guerrero porque estuvo... e intentó manejar su coche a casa.
a. tolerante   b. borracho   c. enfrentando a retos

_____ 2. Antes de usar el televisor, primero... por medio del control remoto.
a. apáguelo y luego prográmelo   b. jálelo y luego insértelo   c. conéctelo y luego préndelo

_____ 3. Desde jóven, Bill Clinton... ser presidente de los EEUU, y por fin lo... en 1992.
a. soñaba con, logró   b. tenía éxito, tuvo paciencia   c. hacía realidad, alcanzó

_____ 4. La organización CARE tiene el propósito de combatir... en todo el mundo.
a. el hambre y la miseria   b. la violencia y el odio   c. la discriminación y la indiferencia

_____ 5. ¿Me dejaste un mensaje? ¡No lo recibí! Creo que necesito un... nuevo.
a. calentador   b. fax   c. contestador

_____ 6. Hija mía, si quieres ser soldada en el ejército, tienes que seguir las reglas, es decir, debes...
a. tener disciplina   b. tener paciencia   c. tener suerte

_____ 7. —¿En qué organización... en el tiempo libre?
—Le ayudo a mi sinogoga coleccionar ropa usada para los pobres.
a. salvas   b. participas   c. consumes

B. ¿Cuál es diferente? Para cada grupo de palabras, identifica el elemento que no pertenece y explica en inglés por qué es diferente.

1. la caridad   la discriminación   el odio   la violencia

_____

2. presionar   conectar   prender   apagar

_____

3. alcanzar   lograr   enfrentar   hacer realidad

_____

4. regado automático   antena parabólica   videograbadora   televisor

_____

5. extinción   preservar   medio ambiente   solidaridad

_____

II. Estructuras

C. Los verbos. Escribe la forma correcta del verbo entre paréntesis según el contexto.

1. Si tú _____ (estudiar) más, sacarías mejores notas.

2. ¿_____ (poder) Ud. escribirme una carta de recomendación?

3. Si no programamos correctamente la videograbadora, nosotros _____ (perder) el partido entre EE.UU. y Chile.

4. Me _____ (gustar) llegar a ser maestro en el futuro si pudiera especializarme en la educación de los niños.

5. Si nosotros _____ (ir) a viajar a Chile, necesitaríamos ir por más de una semana.

6. El jefe comprará un fax para que la secretaria le _____ (enviar) unos documentos mientras que él esté en Valparaíso.

7. Si yo _____ (ser) tú, desconectaría la computadora antes de salir de vacaciones.

8. El presidente niega que _____ (pensar) declarar la guerra.

9. ¿Todavía no _____ (funcionar) el alarma? Pues, _____ (oprimir) Ud. el botón grande que dice «Prender».

10. Yo _____ (hacer) más viajes a las montañas si me prestaras el coche.

11. La secretaria _____ (comprar) una cafetera automática para que no tuviéramos que bajar a la tienda durante los descansos.

12. Si _____ (invertir) Uds. más dinero en organizaciones de caridad, bajarán los impuestos que le pagan al gobierno cada año.

III. Cultura

D. Datos sobre Chile. Usa tu conocimiento cultural sobre EEUU y Chile tanto como el vocabulario que has aprendido para leer los datos sobre Chile y luego identificar las respuestas más adecuadas.

_____ 1. En cuanto a la ausencia del trabajo por maternidad, las mujeres chilenas reciben seis semanas antes y doce después del nacimiento del hijo. El gobierno federal financia el sueldo y este derecho es transferible a los padres.
   a. EEUU tiene un plan similar, financiado por el gobierno federal.
   b. EEUU no tiene un plan similar. Todo depende del sistema de beneficios de la empresa.

_____ 2. La educación obligatoria en Chile es de ocho años.
   a. En EEUU, es de ocho años también.
   b. En EEUU, es de doce años (hasta la edad de 16 años).

_____ 3. Nueve de las 18 especies de pinguinos que existen en el mundo habitan Chile.
   a. EEUU carece de (es decir, no tiene) pinguinos nativos.
   b. En el pasado había pinguinos nativos en EEUU, pero desaparecieron por la extinción.

_____ 4. Se emitió la Declaración de la Independencia de Chile en 1818.
   a. Eso fue antes de la de EEUU.
   b. Eso fue después de la de EEUU.

_____ 5. Desde 1994, el 100% del sistema telefónico chileno está digitalizado.
   a. En EEUU, el sistema telefónico también está digitalizado.
   b. En EEUU, el sistema es mecánico.

IV. Un poco de todo

E. Mi futuro.   Escribe dos o tres oraciones sobre ti mismo(a) para cada tema abajo. **¡OJO!** Usa el vocabulario y los tiempos verbales necesarios.

Modelo: 1. *Sueño con ser escritor(a) sobre las culturas chilenas y norteamericanas. Me gusta observar y hablar con la gente...*
                          2. *Tendré muchas oportunidades de viajar por los EEUU y Chile. Escribiré...*
                          3. *Si no llegara a ser escritor(a), trabajaría en una agencia de viajes para que pudiera ver...*

1.   Aquí están mis aspiraciones:

_____

_____

_____

_____

_____

2.   Si continúo con estas aspiraciones, esto es lo que haré:

_____

_____

_____

_____

_____

3.   Pero si fuera a cambiar todo, la vida sería diferente:

_____

_____

_____

_____

_____

Cuaderno de ejercicios

CAPÍTULO 12

La herencia hispana

Tema 1 Historia de la presencia hispana en los Estados Unidos

Repaso: *Talking about the past with the preterit, imperfect, and present perfect*

A. Hechos de la historia. Forma una oración lógica escribiendo la forma correcta del pretérito del verbo entre paréntesis.s

Modelo: Los españoles *llegaron* (llegar) por primera vez a Norteamérica en 1568.

1. El 12 de octubre de 1492 Cristóbal Colón y sus hombres _____ (desembarcar) en las Américas.

2. En 1846 México y EEUU _____ (comenzar) a luchar sobre Texas y _____ (terminar) firmando el Tratado de Guadalupe en 1848.

3. Después de la guerra de 1898, España _____ (tener) que ceder la isla de Puerto Rico a EEUU.

4. EEUU les _____ (dar) a los puertorriqueños la ciudadanía estadounidense en 1917.

5. En 1961, los EEUU _____ (romper) sus relaciones políticas con Cuba.

6. Durante los años 60, César Chávez _____ (fundar) el sindicato United Farm Workers que luego _____ (mejorar) las condiciones de trabajo para muchos de los trabajadores chicanos.

7. Henry Cisneros _____ (ser) el primer alcalde hispano de San Antonio en 1981.

8. Oscar Hijuelos, autor cubanoamericano, _____ (ganar) el premio Pulitzer de Ficción en 1990.

B. Cómo era la vida. Completa los siguientes párrafos dando la forma correcta del imperfecto del verbo entre paréntesis.

Nací en Guadalajara en 1921. Mi familia _____ (ser) bastante pobre; mi padre _____ (trabajar) de zapatero y mi madre _____ (cuidar) a los hijos. La situación económica para mi familia _____ (ir) empeorando día tras día. Mi tío y su familia _____ (haber) inmigrado a Tucson, Arizona, durante la revolución, y por fin mis padres decidieron hacerlo también en 1925.

Mi padre consiguió trabajo en una zapatería, pero todavía él no _____ (ganar) lo

suficiente, así mi madre buscó y por fin encontró trabajo de cocinera en una escuela. Poco a poco, la vida

_____ (mejorar). Después de un poco, mis hermanos y yo pudimos asistir a la escuela y

aprendimos el inglés allí y de los otros niños del barrio. Mis padres _____ (querer) lo

mejor para nosotros y ellos _____ (trabajar) duros y _____

(ahorrar) el dinero. _____ (ser) una vida alegre en Tucson: _____

(haber) muchos parientes que _____ (vivir) cerca de la ciudad y

nosotros _____ (juntarse) frecuentemente para las celebraciones. La familia

_____ (saber) la importancia de mantener nuestra cultura mexicana, así

nosotros _____ (celebrar) no sólo los días feriados de EEUU sino también los mexicanos.

Yo _____ (tener) 19 años cuando mis padres por fin compraron la zapatería.

_____ (servir) de enfermera durante la Segunda Guerra Mundial cuando conocí a mi

esposo Daniel. Nos casamos en 1947 y hemos vivido aquí en Tucson desde entonces.

C. En el país nuevo. Lee este cuento y luego complétalo con el imperfecto o pretérito del verbo entre
paréntesis según el contexto.

Antes, nosotros _____ (vivir) en Santiago de Chile. Mis padres _____

(tener) buenos puestos en la universidad. Sin embargo, ellos _____ (querer) mudarse a los EEUU

para seguir los estudios y por fin _____ (recibir) la carta de aceptación de una universidad

en Illinois. Nosotros _____ (mudarse) en junio de 1995 cuando yo

_____ (tener) ocho años.

Al principio, nosotros no _____ (conocer) a mucha gente y no

_____ (ir) a muchas partes; _____ (alquilar) un apartamento

pequeño cerca del campus y cerca de las tiendas donde _____ (poder) hacer todas las

compras. Un día, mi padre _____ (regresar) al apartamento y

_____ (venir) a mi dormitorio. «Ven acá», me _____ (decir).

Yo _____ (bajar) con él y allí, en la calle, _____ (haber) un

Toyota del año 85. ¡Mi padre lo había comprado esa mañana!

Esa noche, mi familia _____ (ir) de compras por primera vez en el coche nuevo.

_____ (ser) las ocho o nueve de la tarde cuando nosotros _____

(conducir) a un gran almacén al otro lado de la ciudad. _____ (llegar) y

_____ (entrar). Mis padres _____ (querer) encontrar

unas cosas para la cocina, pero sólo me _____ (interesar) los juguetes. No sé lo

que _____ (pasar), ¡pero yo _____ (perderse)! Yo

_____ (buscar) por todas partes pero no _____ (poder) encontrar

a mis padres. _____ (empezar) a llorar y _____ (salir) corriendo del almacén hasta llegar al coche nuevo. _____ (ir) a entrar cuando algunas

jóvenes me _____ (ver). Ellas se me _____ (acercar) y

me _____ (preguntar): «What's the matter? Are you lost?» Pues, ellas

_____ (hablar) en inglés y yo no las _____ (comprender).

　　　Entonces, una me _____ (preguntar): «¿Estás perdido?»

¡Yo _____ (dejar) de llorar inmediatamente! Le _____ (decir)

que sí y _____ (comenzar) a contarle todo, pero ella me _____

(detener). Ella _____ (hablar) un minuto con su amiga y luego me dijo: «Ven conmigo.»

　　　Mientras nosotros _____ (caminar) hacia la entrada, _____

(salir) mis padres. Nos _____ (ver) y _____ (correr) hacia nosotros.

¡Qué encuentro emocionante!

　　　Pues, _____ (resultar) que Karen e Irene, las jóvenes, _____

(ser) estudiantes de la universidad y Karen _____ (estudiar) el español. Las

dos _____ (llegar) a ser buenas amigas de mi familia: con frecuencia

_____ (cenar) con nosotros y nos _____ (ayudar) a conocer

mejor la ciudad. Yo _____ (aprender) mucho inglés de Irene y ella

_____ (aprender) algo del español también.

D.　¿Cuánto sabes de la historia?　Da un relato de la historia de tu ciudad/región natal o de una región hispana que quieres estudiar. Debes usar por lo menos ocho de los verbos de la lista siguiente, pero puedes añadir otros verbos según el contexto. Necesitas escribir un mínimo de siete oraciones.

conquistar / declarar / establecer / fundar / hacer / invadir / ir / llegar / mantener / ser / traer

_____

_____

_____

_____

_____

_____

_____

E.　Su influencia.　Describe la influencia de la gente hispana escribiendo la forma correcta del presente perfecto del verbo apropiado de la lista.

Modelo:　Ricky Martin y Gloria Estefan son dos cantantes hispanos que *han tenido* mucho éxito, no sólo por su música en español sino también por la en inglés.

abrir / aumentar / escribir / llegar / ofrecer / poner / ser / servir / traer

1.　En muchas de las ciudades grandes de EEUU, _____ el número de tiendas y servicios que se enfocan particularmente en los clientes hispanos.

2. La cadena Univisión les _____ a las empresas estadounidenses más oportunidades de exponer sus productos a la gente hispana.

3. Desde la Segunda Guerra Mundial, muchos hispanos _____ en las fuerzas armadas estadounidenses y unos _____ a los rangos (*ranks*) altos.

4. Los beisbolistas Alomar (Sandy Sr., Roberto y Sandy Jr.) _____ mucha fama a su tierra nativa, Puerto Rico.

5. Por su éxito, actores como Edward James Olmos y Rita Moreno _____ las puertas para que más actores hispanos pudieran lograr la fama.

6. Varios de los libros que _____ Gabriel García Márquez _____ traducidos al inglés; muchos profesores de literatura _____ sus libros en las listas obligatorias para que sus estudiantes los conozcan y los aprecien.

Síntesis

F. Una biografía. Escribe sobre las experiencias de una persona que inmigró a los EEUU. Selecciona a una de las siguientes personas.

- un(a) familiar (reciente o en el pasado)
- un(a) pariente de un(a) amigo(a)
- un(a) hispano(a) famoso(a)

Incluye la siguiente información en tres párrafos distintos de tres a cuatro oraciones cada uno.

- ¿Quién era y cómo era su vida en su país nativo?
- ¿Por qué decidió inmigrar y qué pasos siguió para establecerse aquí?
- ¿Cómo han beneficiado su familia y la ciudad/región por su decisión de vivir en EEUU?

_____
_____
_____
_____
_____
_____
_____
_____
_____
_____
_____
_____
_____
_____

Tema 2 Abriendo caminos

R e p a s o : *Giving advice, expressing opinions, and giving commands*

G. Consejos. Acabas de conocer a una nueva estudiante hispana en tu universidad. Dale unos consejos para tener éxito como estudiante escribiendo las formas correctas de los verbos entre paréntesis. **¡OJO!** No todas las oraciones requieren el uso del subjuntivo.

Modelo: Para conocer a más gente, te recomiendo que *vivas* (vivir) en la residencia estudiantil.

1. Es importante que _____ (ir) a todas las clases y que les

    _____ (prestar) atención a los profesores.

2. Ojalá que _____ (salir) de vez en cuando para relajarte.

3. Es necesario _____ (organizar) bien el horario para no olvidarse de las fechas y los

    proyectos importantes.

4. Si tienes problemas en algún curso y quieres salir bien, es buen consejo _____

    (hablar) con el (la) profesor(a) durante sus horas de consulta.

5. Los profesores prefieren que los estudiantes sólo _____ (tomar) un máximo de siete

    clases al semestre.

6. La universidad prohíbe que nosotros _____ (graduarse) sin pagar las cuentas de la

    universidad, por ejemplo, las multas de estacionamiento, las de la biblioteca, etc.

7. No es buena idea que no _____ (estudiar) hasta la noche anterior para un examen.

8. Debes _____ (cuidarse) y comer bien para no enfermarte.

H. Reacciones de los famosos. Completa las frases lógicamente seleccionando la frase más apropiada y escribiéndola en el subjuntivo o el indicativo según el contexto.

Modelo: El actor admite que tiene novia, pero niega que *salga con la hija del senador.*

criticar sus ideas controvertidas	no quedar mucho en las librerías
enseñarnos a preparar las comidas rápidas y económicas	prestarle atención
ganar tanto esta temporada	querer informarle a la gente sobre los avances médicos
gustarles a muchos padres su música	saber bailar salsa y merengue

1. En cuanto a su próximo concierto en Honduras, la cantante duda que _____

    _____

2. A la escritora no le gusta que sus lectores _____

    _____

3. Este libro es tan entretenido que _____

    _____

4. Los directores de la película necesitan actores y actrices que _____

    _____

5. Mucha gente no cree que los políticos _____

   _____

6. Es obvio que la anfitriona _____

   _____

7. En el programa de hoy, tenemos dos familias que _____

   _____

8. Las futbolistas están alegres que _____

   _____

I. Las metas de Cristina. Combina los elementos abajo para formar cinco oraciones sobre las metas probables de Cristina Saralegui. Añade palabras cuando sea necesario.

Modelo: querer tener impacto / a fin de que / influir de una forma positiva
Cristina quiere tener un impacto a fin de que su show influya positivamente la sociedad hispana.

1. continuar con su *show* / con tal de que / tener control

   _____

2. pensar usar más el WWW / cuando / haber información importante

   _____

3. no poder dejar / hasta que / estar satisfecho

   _____

4. no preocuparse del éxito / a fin de que / enfocarse

   _____

5. deber transmitir su programa / a menos que / volver

   _____

J. Las negociones. Para cada situación abajo, da un mandato formal para expresar la misma idea.

Modelo: Todos deben participar en este debate.   (incluir)
«Señores, *incluyan a todos en este debate.*»

1. Los refugiados necesitan regresar a su país natal.   (permitir)

   «Señores, _____.»

2. Las negociones deben de continuar.   (no poner en peligro)

   «Señora presidenta, _____.»

3. El presidente necesita más consejeros bilingües.   (aumentar)

   «Señor presidente, _____.»

4. Recomendamos que ellos devuelvan parte de la tierra a la gente indígena.   (ceder)

   «Señores, _____.»

5. Es importante que los ciudadanos sepan la tasa correcta del aumento de inmigración.   (decir)

   «Señor, _____.»

6. Sugerimos que no haya nada de recompensa para ellos en este asunto. (ofrecer)

«Señora, _____.»

Síntesis

K. Una carta al alcalde. Un(a) amigo(a) hispanoamericano(a) quiere intentar mejorar el nivel de vida *(the standard of living)* de la gente hispana y de otras culturas en tu ciudad/región. Ayúdale con sus ideas en una carta a un(a) político(a) hispano(a) importante. Selecciona uno de los problemas abajo y expresa en tres a cuatro oraciones algunas opiniones en cuanto al problema. Luego da tres a cuatro recomendaciones/mandatos/metas para que ese(a) funcionario actúe.

Problemas:

1. el acceso a la educación
2. la voz política
3. el acceso a los medios de comunicación
4. la fuerza económica

Problema seleccionado: _____

el _____ de _____ de _____ (fecha)

Estimado(a) _____:

_____

_____

_____

_____

_____

_____

_____

Atentamente,

_____

Tema 3   Desafíos

Repaso: *Indicating probability with the future tense and the conditional*

L. Predicciones para nuestra sociedad. Completa las oraciones abajo escribiendo la forma correcta del futuro del verbo entre paréntesis y cualquier otra información necesaria.

Modelo: Dentro de 20 años, las escuelas primarias (enseñar) *enseñarán todas las clases en español e inglés.*

1. Pronto, la gente de EEUU (elegir)

_____.

2. El número de inmigrantes legales e ilegales de los países hispanos (aumentar, concentrarse)

   _____.

3. Para que yo logre mis metas personales, (vivir, trabajar)

   _____.

4. Si los distintos grupos raciales continúan viviendo separados, (haber)

   _____.

5. Cuando nuestros hijos asistan a la universidad, las computadoras (ser)

   _____.

6. Después de graduarnos de esta universidad, mis amigos y yo (participar, invertir)

   _____.

7. Con el avance de la tecnología, los profesores de lenguas (poder)

   _____.

M. Estudiar para mejorarse. Completa las siguientes oraciones con la forma correcta del verbo apropiado de la lista.

Modelo: *Me gustaría* (gustar—yo) que todos tuvieran la oportunidad de estudiar otra lengua.

aprender / comprender / deber / gustar / poder / ser / tener / trabajar

1. Si yo pudiera, _____ tres o cuatro lenguas más.

2. Nosotros _____ más de otras culturas si estudiáramos su lengua e historia.

3. Para crear alumnos más sensibles, los profesores de lenguas _____ sugerir que muchos participaran en un program de intercambio.

4. Mis amigos y yo _____ con empresas internacionales si ellos nos dieran la oportunidad de usar y mejorar el español.

5. Para enfatizar la importancia de aprender otras lenguas, la gente _____ que elegir a más representantes bilingües.

6. En EE.UU., si fuera obligatorio el estudio de otra lengua en la escuela primaria, dentro de unos 50 años la mayoría de la gente _____ bilingüe.

7. Algunos creen que los inmigrantes _____ recibir la enseñanza gratis en inglés.

8. _____ mantenernos en contacto con las culturas hispanas después de graduarnos.

N. Candidato(a) político(a). Si fueras candidato(a) político(a), ¿qué dirías en las siguientes situaciones? Completa las oraciones. **¡OJO!** Usa el futuro o el condicional según el contexto.

Modelos: Si todos aceptan las diferencias sin juzgar, *eliminaremos los problemas raciales.*
Si hubiera más contacto y comunicación constructiva entre los países, *habría más paz en el mundo.*

1. Si yo fuera presidente, _____.

2. Si no comprenden los ciudadanos de EEUU la importancia de estudiar otras lenguas, _____

   _____.

3. Si todos los inmigrantes aprendieran el inglés, _____

    _____.

4. Si no resolvemos los problemas de la inmigración, _____.

    _____.

5. Si les ofrecemos la educación bilingüe sin costo a todos, _____

    _____.

6. Si a los pobres no les ayudamos a aprender vivir en una sociedad más técnica, _____

    _____.

7. Si tuviéramos más representación igual entre los distintos grupos culturales en el gobierno, _____

    _____.

8. Si continúa la discriminación hacia los trabajadores hispanos, _____

    _____.

9. Si nosotros trabajamos juntos, _____

    _____.

10. Si hubiera menos violencia y miseria en este país, _____

    _____.

Síntesis

O. Posibilidades.   Descríbeles a unos estudiantes universitarios cómo combatir el racismo y el prejuicio *(prejudice)* en tu ciudad/región. Escribe dos párrafos sobre lo siguiente.

*   Describe el ambiente social donde vives en cuanto al racismo y el prejuicio hoy en día y en el futuro **(Ahora... y (pero) en el futuro...).**
*   Describe unas situaciones bien posibles si todos (no) se vinculan y (ni) siguen pasos positivos (**Si...** presente, futuro).

Escribe tres a cuatro oraciones para cada situación. Da ejemplos específicos de acciones apropiadas e inapropiadas.

_____

_____

_____

_____

_____

_____

_____

_____

_____

_____

_____

_____

_____

_____

Manual de laboratorio

Manual de laboratorio

¡A empezar!

Pronunciación

Pay close attention to and imitate the models provided by your instructor and the native speakers on these tapes. With some work, you'll find yourself improving.

A. El alfabeto *(The alphabet).* Your first step will be to practice the alphabet. In order to pronounce words correctly in Spanish, the alphabet must be mastered.

A	E	J	N	R	V
B	F	K	Ñ	RR	W
C	G	L	O	S	X
CH	H	LL	P	T	Y
D	I	M	Q	U	Z

B. Las vocales (Vowels). There are five vowel sounds that correspond with the letters of the alphabet: **a, e, i, o, u.** Spanish vowels are always short and tense so that each vowel represents *only one sound.*

La vocal *a*. The sound of the vowel **a** in Spanish is pronounced like the *a* of the English word *father* except that the sound is shorter in Spanish.

Práctica de pronunciación. Listen and repeat the following words.

nada	fama
mañana	ventana
habla	Atahualpa
tapas	Canadá

Ana tom**a** clases de **a**ntropolog**í**a en un**a** universid**a**d en **Canadá.**

La vocal *o*. The sound of the vowel **o** in Spanish is pronounced like the *o* of the English word *no* except that the sound is much shorter in Spanish.

Práctica de pronunciación. Listen and repeat the following words.

como	por
mochila	profesor
nosotros	vaso
año	bolígrafo

Octavi**o** estudia ec**o**nom**í**a y fil**o**sofía l**o**s sábad**o**s y l**o**s d**o**mig**o**s c**o**n sus amig**o**s.

La vocal *u*. The sound of the vowel **u** in Spanish is pronounced like the *u* of the English word *blue* except that the sound is much shorter in Spanish.

Práctica de pronunciación. Listen and repeat the following words.

cultura	Cuba
tú	mucho gusto
saludo	junio
cuna	música

La lite**ra**tura de **Cu**ba y **Urugu**ay es b**ue**na.

La vocal *e*. The sound of the vowel **e** in Spanish is pronounced like the *e* of the English word *bet* except that the sound is much shorter in Spanish.

> **Práctica de pronunciación.** Listen and repeat the following words.

tres	nene
ese	mes
viven	febrero
leche	que

Eva es española. **E**lla **e**studia d**e**r**e**cho **e** ingl**é**s.

La vocal *i*. The sound of the vowel **i** in Spanish is pronounced like the *i* of the English word *machine* except that the sound is much shorter in Spanish.

> **Práctica de pronunciación.** Listen and repeat the following words.

sí	difícil
fin	hija
ti	libro
niña	silla

Inés estud**i**a **i**nglés, f**i**losof**í**a y med**i**c**i**na.

C. Prueba. Write down the word that you hear. You will hear each word two times.

1. _____ 6. _____
2. _____ 7. _____
3. _____ 8. _____
4. _____ 9. _____
5. _____ 10. _____

Dictado

D. Información básica. You will hear people pronounce their name and spell it out for you. Next, they will give you their phone number. Write down all the information on the lines below.

Nombre	**Número de teléfono**
1. _____	_____
2. _____	_____
3. _____	_____
4. _____	_____
5. _____	_____

E. Saludos y despedidas. *(Hellos and good-byes.)* You will hear several friendly conversations between two people. Fill in the blanks with the missing words and decide if the conversation is a **saludo** *(a greeting)* or a **despedida** *(a farewell)*.

Primera conversación:

—_____ _____, _____

_____ Cristina.

—_____, por _____.

—_____ _____, _____

_____ Cristina.

—_____ _____, Cristina. Yo _____

_____ Jim.

—_____, Jim.

Esta conversación es: un saludo / una despedida.

Segunda conversación:

—_____, _____ Alarcón, _____ muy

tarde… me voy. _____.

—_____ _____, _____ Baroja.

Esta conversación es: un saludo / una despedida.

Tercera conversación:

—_____, Ignacio.

—_____, Marta. ¿ _____ _____

_____?

—_____ y ¿ _____ _____?

—De _____.

—_____.

Esta conversación es: un saludo / una despedida.

F. Descripciones. You will hear several descriptions. Write down what you hear in the spaces provided.

1. En la _____ de _____ hay _____

chicos y _____ chicas.

2. En la clase de _____ _____ hay

_____ chicas y _____ _____.

3. Mi _____ es _____. Tomo _____ de

historia, _____ y ciencias _____.

4. En la _____ de _____ hay _____

puerta, _____ _____, una ventana,

_____ escritorios y _____ _____.

5. Muy bien, clase, _____ el _____ en la

_____ y saquen un lápiz de sus

_____.

Nombre _____ Fecha _____

Comprensión auditiva

G. Charlar con amigos. You will hear two short conversations. Write the number of the conversation below the picture to which it corresponds. Not all the pictures will be used.

_____   _____   _____

H. Mi vida en los Estados Unidos. Here you have a fragment of the transcript of a student telling you about his life. Fill in the blanks with the correct information and then answer the questions at the end of the activity.

1. El estudiante se llama _____.

2. Es de _____.

   a. El Salvador   b. Los Ángeles   c. Ecuador

3. Estudia en _____ en Los Ángeles.

   a. la escuela   b. el colegio   c. la universidad

4. Toma clases de _____
   _____.

5. La especialidad de él es _____.

I. No es difícil conocer a la gente. You are about to listen to a conversation between two people. Complete the chart below with the necessary information. Pay close attention and you will hear much of the vocabulary and greetings you have been studying.

	él	ella
nombre		
profesión		
especialidad		

Manual de laboratorio

Éste soy yo

Pronunciación

A. La letra *c*. As you listen to the explanations, repeat each example given for the pronunciation of the letter **c**. At the end of the explanation, complete the exercise that follows.

Ce, ci. The letter **c** followed by the vowels **e** or **i** is pronounced **s** (much like the *s* in *soft, Sam,* or *silk*).

cita   cena
cero   gracias
cereal   circo

Cecilia no **ce**na todos los días.
Las **cienci**as son importantes para el Señor **Ce**la.

Ca, co, cu. The letter **c** followed by **a, o,** or **u** is pronounced **k** (like the *c* in the English word *cat* or the letter *k* in *kite*).

cama   copa
clase   cuento
cuatro   con

Comemos la **co**mida en **ca**sa **con** **C**arlos y **C**armen.
En **ca**da **co**pa hay **Co**ca-**Co**la.

Ch. The letter **c** followed by **h** is pronounced **tch** (much like the *ch* in the English words *chap* or *chalk*).

champú   choza
chistoso   chica
coche   marchar

El co**ch**e del Señor **Ch**ávez es muy **ch**iquito.
Los **ch**icos desean comer **ch**imi**ch**angas.

B. Prueba. You are about to hear ten words all containing the letter **c.** Write down each word that you hear. You will hear each word two times.

1. _____   6. _____
2. _____   7. _____
3. _____   8. _____
4. _____   9. _____
5. _____   10. _____

Dictado

C. La familia de Enrique Ramírez. You are about to listen to Enrique describe his family. For each member of his family, write what he says about them in the space provided.

Mi madre es una _____ de _____ muy talentosa.

Ella _____ _____ y los _____ .

_____ todos los _____ en _____ .

Mi padre es _____ en una _____ grande.

_____ _____ los _____ ,

los _____ y los _____ . Nunca _____ los

_____ ni los _____ .

Mi hermana mayor _____ es _____ . Ella

_____ y _____ en Nueva York. _____

siempre _____ festivales y exposiciones del _____ en Greenwich

Village.

Mi hermano _____ _____ para

_____ _____ en la _____ .

También _____ fútbol _____ _____

_____ por la _____ . _____

un _____ muy activo.

Mi hermana _____ _____ _____

también. Ella _____ inglés y _____ a los _____

de la calle _____ su tiempo libre. _____ es tan

_____ como mi _____ .

Yo _____ _____ . Para mi _____

_____ mucho a la capital porque _____ a los políticos.

_____ _____ hago _____ porque

mi _____ es muy _____ .

D. El calendario de la Señora Ramírez. Enrique's mother, Señora Ramírez, has a very busy schedule ahead of her. Señora Ramírez will tell you her obligations for each day. Put them in the correct entry.

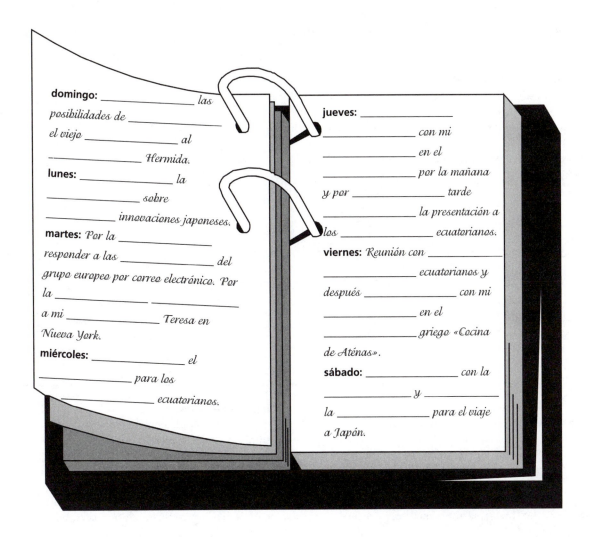

domingo: _____ las posibilidades de _____ el viejo _____ al _____ Hermida.

lunes: _____ la _____ sobre _____ innovaciones japoneses.

martes: Por la _____ responder a las _____ del grupo europeo por correo electrónico. Por la _____ _____ a mi _____ Teresa en Nueva York.

miércoles: _____ el _____ para los _____ ecuatorianos.

jueves: _____ _____ con mi _____ en el _____ por la mañana y por _____ tarde _____ la presentación a los _____ ecuatorianos.

viernes: Reunión con _____ _____ ecuatorianos y después _____ con mi _____ en el _____ griego «Cocina de Aténas».

sábado: _____ con la _____ y _____ la _____ para el viaje a Japón.

Comprensión auditiva

E. Una solicitud. Susana is applying to work and study abroad. As she tells you about herself, write down all her pertinent information so her application is complete.

Apellidos: _____

Nombres: _____

Nacionalidad: _____

Fecha de nacimiento: _____

Ciudad: _____

País: _____

Número de pasaporte: _____

Hombre / Mujer

Número de teléfono: _____

Desea vivir: en un apartamento   con una familia   con estudiantes

F. La vida universitaria. Jesús is going to tell you about the house he lives in at the university. Listen to his story and answer the questions.

Vocabulario importante:

le destaca de los demás   *makes him stand out from the others*
asistir   *to attend (classes)*
la Juventud Mareada   *a rock band in the narrator's story*

1. Match the profession with the correct person.

_____ Julián   a. es programador de computadoras.

_____ Manolo   b. es profesor.

_____ Nico   c. es artista.

_____ Ramón   d. estudia historia.

2. Write the letter of the activity in the box under the name of the person who does it.

Julián	Manolo	Nico	Ramón

a. Trabaja en un bar.
b. Trabaja los lunes, miércoles y viernes.
c. Habla tres idiomas.
d. Es un estudiante muy aplicado.
e. Toca en un grupo musical.
f. Organiza fiestas de *rave*.
g. Diseña programas de computadora.
h. Estudia la Revolución Mexicana.
i. Es profesor de trabajo social en la universidad.

G. Una conversación con una candidata. You are about to listen to a conversation between Claudia, a candidate for the work-abroad program, and her interviewer for the position. Answer the questions based on what they talk about.

Vocabulario importante:

asistir   *to attend (classes, meetings)*

_____ 1. En un día típico Claudia **no**...
           a. estudia   b. come   c. mira la tele

_____ 2. Claudia estudia en...
           a. casa   b. el café   c. la biblioteca

_____ 3. Claudia estudia...
           a. inglés   b. cálculo   c. literatura

_____ 4. La profesora de inglés...
           a. es mala persona.   b. no habla español bien.   c. no es simpática.

_____ 5. El padre de Ana es de...
           a. España   b. Australia   c. Canadá

_____ 6. Cuando Claudia y sus amigos pasean, ellos no...
           a. hablan con otros amigos   b. bailan en las discotecas   c. caminan por la calle

_____ 7. Tim y Bryn son de...
           a. Irlanda   b. Inglaterra   c. Australia

Manual de laboratorio

CAPÍTULO 2

En familia

Pronunciación

A. La letra *d*. As you listen to the explanations, repeat each example given for the pronunciation of the letter **d.** At the end of the explanation, complete the exercise that follows.

The **intervocalic *d*** is pronounced similar to the *th* in the English word *although*.

universidad	ciudad
medio	hablado
Granada	Madrid

Estudio en la universidad de Madrid.
Cada ciudad es importante.

The **stop d** is pronounced much like the *d* in the English word *dog*.

después	domingo
dos	diente
cuando	caldo

El doctor no desea caldo.
Domingo es el día que llega Daniel de Dinamarca.

Práctica de pronunciación. Repeat the words after the speaker.

madre	padre	cuñado	madrastra	padrastro
prometido	delgado	tímido	aburrido	cansado

B. Prueba. Write down the word that you hear. You will hear each word two times.

1. _____ 6. _____

2. _____ 7. _____

3. _____ 8. _____

4. _____ 9. _____

5. _____ 10. _____

Dictado

C. La familia Torrico. You are about to hear a description of what the Torrico family is doing. Carefully write down each word of the dictation because you will need this information to complete the following extension activity.

1. El señor Torrico _____.

2. El hijo Marco _____.

3. El hijo Rafael _____.

4. La hija Carlota _____.

5. La señora Torrico _____.

6. La hija Mercedes lava _____.

Extensión. Below you see a house. Based on the dictation you just completed, write the number of the family member in the room that he or she is in.

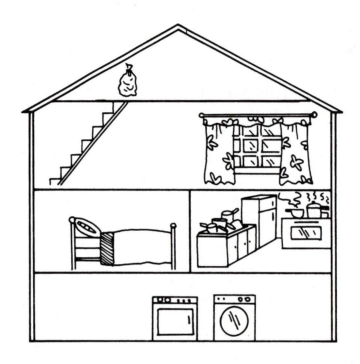

D. La familia Torrico. You will hear several physical descriptions that correspond to the different members of the Torrico family. *Carefully* write down each description, because after the dictation you will use this information to match the description to a person.

1. El hijo Rafael _____.

2. La hija Carlota _____.

3. El hijo Marco _____.

4. La señora Torrico _____.

5. El señor Torrico _____.

6. La hija Mercedes _____.

Extensión. Here is the Torrico family. Based on the dictation you just completed, write the number of the family member below her or his image.

_____   _____   _____   _____   _____   _____

Comprensión auditiva

E. Mi tío Mateo y su familia. Rafael is going to tell you about his Uncle Mateo and his family. Listen to what he has to say and answer the questions based on what you've heard.

Vocabulario importante:

los colores *the colors*   **rosado** *pink*
violeta *purple*   **amarillo** *yellow*
la música alternativa *alternative music*   **verde** *green*

_____ 1. La familia vive...
   a. en las montañas   b. en la capital   c. en la costa

_____ 2. Mateo es...
   a. extrovertido   b. celoso   c. inteligente

_____ 3. Reneé es...
   a. nerviosa   b. baja   c. de París.

_____ 4. Carmen y Juana son...
   a. estudiantes.   b. artistas   c. de París.

5. Match the activity to the person who does it:
   a. Pinta muebles.
   b. Escribe libros para niños.
   c. Es el «centro» de la fiesta.
   d. Usa colores originales en su arte.
   e. Trabaja por una organización que ayuda a los niños sin familias.
   f. Canta en francés cuando está nerviosa.
   g. Tiene el pelo teñido de color violeta.

Mateo	Renée	Juana y Carmen

F. Crisis en la casa. You will listen to a conversation between Reneé and her two daughters Carmen and Juana. After listening to the conversation, answer the questions.

Vocabulario importante:

padre *when used as an adjective, slang in México for "cool"* (**bien padre** *means really cool*)
suerte *luck:* **¡Qué mala suerte!** *What bad luck (you have)!*

_____ 1. Todos van a una fiesta en la casa de los abuelos de Sergio.
   a. cierto   b. falso

_____ 2. A Juana le gusta...
   a. Tomás Chacón   b. Sergio   c. el hermano de Sergio.

_____ 3. Tomás sale con...
   a. Juana   b. Reneé   c. Conchita

_____ 4. Conchita...
   a. es egoísta.   b. es muy guapa.   c. es la mejor amiga de Juana

_____ 5. Vicente es...
   a. el novio de Conchita   b. el novio de Juana   c. el hermano de Sergio

G. En la casa tenemos... Reneé is about to describe what they have in each room of their house. Write down what items are in which rooms.

la sala

el comedor

la cocina

la recámara de las chicas

la recámara de los padres

H. Sergio el vago. Sergio has a few problems with his wife. You will hear a conversation between Sergio and his therapist Dra. Prado. After listening to the conversation, answer the questions below.

1. A Sergio no le gusta hacer los quehaceres de la casa.

   Cierto / Falso

2. La esposa de Sergio cree que él es _____.

3. Para Sergio los quehaceres son _____.

4. Put each item in the correct category.
   a. sacar la basura
   b. comer
   c. lavar los platos
   d. escuchar rock-n-roll
   e. hacer la cama
   f. mirar la televisión
   g. limpiar

A Sergio le gusta...	A Sergio *no* le gusta...

5. La solución para Sergio es escuchar música mientras ayuda con los quehaceres de la casa.

   Cierto / Falso

Manual de laboratorio

CAPÍTULO 3

¿Dónde y cuándo?

Pronunciación

A. La consonante *g.* As you listen to the explanations, repeat each example given for the pronunciation of the letter **g.** At the end of the explanation, there is pronunciation practice and a quiz.

Ge, gi. The letter **g** followed by the vowels **e** or **i** is pronounced like the English *h* in *home* or *hen.*

geología   gigantesco
ingeniería   Argentina
inteligente   ingenioso

Los ingeniosos ingenieros argentinos estudian geología.
Jorge es inteligente y generoso.

Ga, go, gu. The letter **g** followed by **a, o,** or **u** is pronounced like the English *g* in *go* or *gate.*

Gómez   algodón
gato   Góngora
Guatemala   guitarra

El gato de la Señora Gómez es delgado.
A Gustavo le gusta la guitarra.

Práctica de pronunciación. Repeat the words following the model.

gordo   garra   gente   geometría   gitano
algodón   gasolina   magia   escoger   genesis

B. Prueba. Write down the word that you hear. You will hear each word two times.

1. _____   6. _____
2. _____   7. _____
3. _____   8. _____
4. _____   9. _____
5. _____   10. _____

Dictado

C. Dictado tradicional. Write down what you hear in the spaces provided below.

1. _____
2. _____
3. _____
4. _____
5. _____

6. _____

7. _____

8. _____

D. ¿Adónde tiene que ir? Six friends need to go to six different places. Carefully write down each statement that you hear. You will hear each sentence twice. When you are finished, you will use what you have written for the next exercise.

Mario: _____

y _____ con mis amigos.

Asunción: _____

con _____ _____ y _____.

Gabriela: Mi madre _____ y _____.

Martina: Mis padres y yo _____ para Madrid _____.

Migdalia: _____ una presentación sobre la autora Juana de Burgos, pero

_____ de _____.

Paco: Necesito _____.

Extensión. Based on what you have written, write where each person needs to go. Choose your answers from the list. Not all options will be used.

hotel / cajero automático / aeropuerto / el banco / biblioteca / la estación de policía / el semáforo / droguería

Mario: _____

Asunción: _____

Gabriela: _____

Martina: _____

Migdalia: _____

Paco: _____

Comprensión auditiva

E. ¿Dónde viven en la ciudad? You will hear a group of people describe where they live. Write the person's number on the map in the exact location where she or he lives.

1. Mario
2. Asunción
3. Gabriela

4. Martina
5. Migdalia
6. Paco

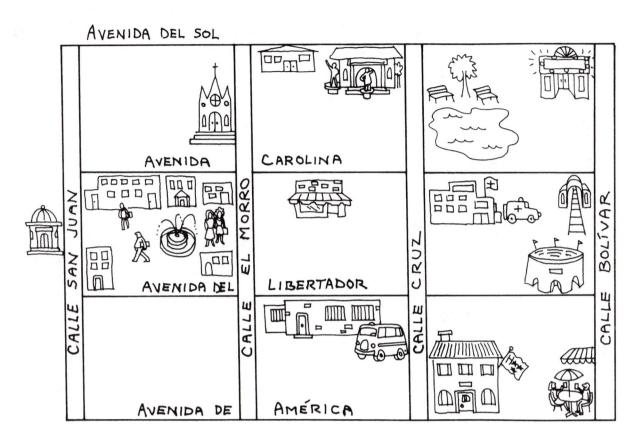

F. ¿Qué debo hacer?   Listen to the story and answer the questions.

Vocabulario importante:

cumpleaños *birthday*	**poeta** *poet*
poesía *poetry*	**excepciones** *exceptions*
Luís Palés Matos *famous Puerto Rican poet*	**ya** *already*
of the twentieth century	**obligación familiar** *family responsibility*

1. Mañana es el cumpleaños del _____ de la narradora.

2. Ella quiere comprar un _____ para él.

3. La librería cierra a _____.

4. No es posible comprar el regalo porque ella tiene _____.

5. El gerente del museo es _____.

G. En grupo con los amigos.   Listen to the following conversation among several friends and answer the questions below.

1. Match the activity with the person.

   a. Tiene que comprar medicina.   Martina _____

   b. Va a pasar dos semanas en Madrid.

   c. La madre de ella está enferma.   Gabriela _____

   d. Tiene que preparar una presentación.

   e. Van a un concierto en la plaza.   Migdalia _____

   f. Tiene un amigo que se llama Ernesto.

   g. Quiere comprar un disco compacto en la   Todos los amigos _____
      tienda de música.

2. The group of friends is going to many places. Arrange the places they are going to in order.

#1 _____   a. la plaza

#2 _____   b. el banco

#3 _____   c. la tienda de música

#4 _____   d. la droguería

H. En la tienda de música. Migdalia is in the music store. Answer the questions below.

Vocabulario importante:

vuelvo first person singular of **volver** *(to return)*

me encanta la música *music delights me*—Conjugated like the verb **gustar, encantar** follows the same grammatical rules and indicates a much stronger degree of feeling.

concierto *concert*

canción *song*

resistir to *resist*

1. ¿Qué quiere comprar Migdalia?

_____

2. ¿Qué formas de pago aceptan en la tienda?

_____

3. ¿Adónde tiene que ir Migdalia para pagar?

_____

4. ¿Cuánto cuesta el disco compacto?

_____

5. ¿A qué hora es el concierto?

_____

Manual de laboratorio

CAPÍTULO 4

Preferencias y prioridades

Pronunciación

A. Las consonantes *ll, y* y *ñ*.   As you listen to the explanations, repeat each example given for the pronunciation of the letters **ll** and **ñ**. At the end of the explanation, there is some pronunciation practice and a quiz.

Ll.   Although the pronunciation of double **ll** and **y** varies greatly in the Spanish-speaking world, these letters are often pronounced like the English *y* in *youth* or *yellow.*

Sevilla	collar
llueve	pollo
Castilla	galleta
ya	playa

¡OJO! Remember that the conjunction **y** *(and)* is pronounced like the letter *ea* in *eat.*

Hace sol **y** un poco de viento.
En el verano me gusta nadar **y** correr.

Ñ.   The Spanish letter **ñ** represents a sound similar to the *ny* in the word *canyon.*

mañana	señor
baño	año
niña	castaño

B. Prueba *l* vs. *ll*.   Write the letter of the Spanish alphabet (either **l** or **ll**) that you hear to complete the word. You will hear each word twice.

1. ___amar
2. amari___o
3. ___ima
4. Bi___bao

5. sanda___ias
6. Va___ado___id
7. Ma___orca
8. Va___encia

C. Prueba *n* vs. *ñ*.   Write the letter of the Spanish alphabet (either **n** or **ñ**) that you hear to complete the word. You will hear each word twice.

1. ___avarra
2. A___dalucía
3. ___evar
4. ___ieva

5. ___i___o
6. Espa___a
7. ___u___ca
8. Catalu___a

Dictado

D. La previsión del tiempo. Write down what you hear in the spaces provided below.

1. En el Sur, en la ciudad de Granada _____

   _____ máxima de 38 grados centígrados.

2. En la provincia de Castilla — La Mancha, y en la capital Madrid, _____

   _____ y mucho _____ con una temperatura máxima de

   _____ grados centígrados.

3. En la costa mediterránea, en Barcelona, _____

   pero _____ con una temperatura máxima de

   _____ centígrados.

4. En la provincia de Galicia, en la capital Santiago, _____ y

   _____ con una temperatura máxima de

   _____ centígrados.

E. La moda de los jóvenes. Five friends are wearing distinct styles of clothing. Carefully write down each statement that you hear. You will hear each sentence twice. When you are finished, you will use what you have written for the next two exercises.

Nacho: _____

Concha: _____

Javier: _____

Ana: _____

Ricardo: _____

Extensión. Based on what they are wearing, decide what each person will most likely do. Choose your answers from the list. Not all options will be used.

salir con su novio / acostarse / ir a clase / trabajar / practicar el fútbol / ir a la playa

Nacho: _____

Concha: _____

Javier: _____

Ana: _____

Ricardo: _____

Extensión. Based on what you have written, match the name of each person to his or her picture below.

_____   _____   _____   _____   _____

Comprensión auditiva

F. Un día típico de Francisca. Francisca is about to tell you about a typical day. Listen to what she has to say and complete the activity below.

Vocabulario importante:

queso *cheese*
guay *"cool" in Spanish slang*
junto *together*

sobremesa *staying at the table after a meal and socializing; very common in Spain and other regions of the Hispanic world*

¿Qué hace Francisca? Choosing your answers from the list, write a complete sentence that indicates when Francisca does each activity.

tener sobremesa / salir con amigos / comer el almuerzo / estudiar / asistir a clases / sentarse en un café / desayunar

Por la mañana	Por la tarde	Por la noche

G. Galicia—una provincia que no se olvida de sus raíces. Listen to the story and answer the questions.

Vocabulario importante:

gallego *Galician—used to denote a person from this region of Spain and the language spoken there*
gastronomía *gastronomy, food*

pescadores *fishermen*
ilimitadas *unlimited*
ubicación *location*

1. ¿Cuántos idiomas hablan en Galicia?

_____

2. ¿Cómo es el clima de Galicia?

_____

3. ¿Qué comen en Galicia?

    _____

4. ¿Qué es la comida más popular en Galicia?

    _____

5. ¿Cómo preparan los mariscos?

    _____

H. Una dieta muy especial.   Paqui and her friend Andrés are talking about diets. Listen to their conversation and answer the questions.

   Vocabulario importante:

   jolín   *expression of amazement commonly used in Spain*
   vida   *life*
   conejo   *rabbit*

1. Un plato muy famoso del restaurante es _____.

2. Paqui está a dieta para _____.

3. Andrés piensa que la dieta vegetariana _____.

4. Una verdura que contiene mucha proteína y casi nada de grasa es _____.

5. Las legumbres y frutas sirven para combatir _____.

6. Andrés prefiere comer _____.

I.   Con el camarero.   Paqui and her friend Andrés are going to order their food from the waiter. Pictured below are several different plates of food and drinks. Write the name of the person to which each plate corresponds. Not all items pictured are mentioned in the conversation.

   Vocabulario importante:

   pesado   *literally means "heavy" but in Spanish slang it is equivalent to "get on one's nerves"*

¡OJO! Only indicate the dishes Paqui and Andrés finally end up getting.

_____   _____   _____   _____

_____   _____   _____   _____   _____

Manual de laboratorio

CAPÍTULO> > > 5

Al corriente

Pronunciación

A. Los consonantes *r* y *rr*. As you listen to the explanations, repeat each example given for the pronunciation of the letters **r** and **rr.** At the end of the explanation, there is some pronunciation practice and a quiz.

R. The consonant **r** is pronounced with a flap, much like the double *tt* or *dd* in the English words *kitty, putty,* and *ladder.*

perder
pero
naranja

crema
llorar
Granada

Enrique declara su amor a Graciela.
Camino sobre la arena.

RR. The double **r** or **erre** is considered a separate consonant and is pronounced with a strong vibration or trill.

guerra
burrito
guitarra

ferrocarril
guerrilla
arroz

Javier Serrano come un burrito con arroz.
La guerra es terrible.

The letter **r** in an initial position is also pronounced **rr.**

rápido
república
romance

Ricardo
robo
Rodrigo

Ramón es rico y refinado.
Rebeca recuerda a Rodrigo.

Práctica de pronunciación. Repeat the words following the model.

| gordo | rico | comer | ahora | reír |
| Argentina | Rioja | correr | parque | zorro |

B. Prueba. Write down the word that you hear. You will hear each word two times.

1. _____
2. _____
3. _____
4. _____
5. _____

6. _____
7. _____
8. _____
9. _____
10. _____

Dictado

C. Dictado. Write down what you hear in the spaces provided below.

1. _____
2. _____
3. _____
4. _____
5. _____
6. _____

Extensión. Based on what you have written above, decide in which section of the newspaper you would find the statements. Choose your answers from the list.

La economía / Los deportes / Cultura / Noticias nacionales / Noticias internacionales

1. _____
2. _____
3. _____
4. _____
5. _____
6. _____

Comprensión auditiva

D. Una noche cultural. Mariana is going to tell you what she did last night. Listen to what she says and complete the following statements.

Vocabulario importante:

toques *touches, as in a certain painting that has a **touch** of impressionism in it*

1. Mariana y su esposo dejaron a sus niños en _____.
2. Fueron _____.
3. El concierto empezó a _____.
4. En la Galería Montenegro exhibieron obras de _____.
5. Regresaron a casa a _____.

E. Dos figuras importantes en la historia peruana. Listen to the story and complete the activity below.

Vocabulario importante:

trono *throne*	**rescate** *ransom*
imperio *empire*	**codicia** *greed*
crisis *crisis*	**compartir** *to share*
fue secuestrado *from* **ser secuestrado,** *to be kidnapped*	**riquezas** *riches*
	obtenidas *obtained*

¿Quién hizo qué? Choosing your answers from the list, match the phrase to the person and write a complete sentence in the preterit tense. All of the words in the list must be used.

matar al Inca / matar a Pizarro / ser padre de Atahualpa / ver el Pacífico / ir a Cajamarca para conocer a los españoles / pagar un rescate / conquistar el Imperio Inca

El Inca Atahualpa	Francisco Pizarro	El Inca Huayana Cápac	Los hombres de Almagro

F. La política. Listen to the following monologue and answer the questions.

Vocabulario importante:

distinta *different*   **diferir** *to differ, be different*
distinguir *to distinguish*   **proponer** *to propose*
medidas *measures*   **lograr** *to achieve*
mejorar *to better, improve*   **rasgos** *characteristics*

1. ¿Dónde hay una diferencia entre los dos partidos?

   _____

2. ¿Qué tipo de política económica apoyan los republicanos?

   _____

3. ¿Qué tipo de política económica apoyan los demócratas?

   _____

4. ¿Dónde discuten las leyes?

   _____

5. ¿Qué es el trabajo del presidente?

   _____

G. La emisora de radio. Listen to the radio broadcast and complete each statement by matching the first column with the second.

Vocabulario importante:

mantienen *from* **mantener,** *to maintain*
anunciar *to announce*
en cuanto a *in regard to*

_____ 1. Anoche el presidente...	a.	mantienen que tienen que bajar.
_____ 2. Todos los partidos políticos...	b.	la alta cifra del desempleo.
_____ 3. En cuanto a los impuestos, los republicanos...	c.	asistió a una exposición de arte de estudiantes.
_____ 4. Los demócratas están muy preocupados por...	d.	aprobó una nueva ley.
_____ 5. El año pasado las inversiones...	e.	apoyaron la decisión del presidente.
_____ 6. La ministra de educación...	f.	aumentaron

Manual de laboratorio

CAPÍTULO 6

Recuerdos

Pronunciación

A. Los consonantes _h_ y _j_.   As you listen to the explanations, repeat each example given for the pronunciation of the letters **h** and **j.** At the end of the explanation, there is some pronunciation practice and a quiz.

H. The letter **h** is always silent.

hora	**h**oy
bu**h**o	caca**h**uete
ex**h**ibir	**h**amburguesa

Hoy comí **h**uevos y una **h**amburguesa.
El **h**ombre se rompió el **h**ueso del **h**ombro.

The only exception to this rule is the **ch** combination.

chico	**ch**ina

Listen to the difference when the **h** is combined in a sentence with **ch.**

El **ch**ico encendió el **h**orno en el restaurante **ch**ino.

J.   The letter **j** is pronounced much like the _h_ in English words such as _hotel_ and _hot_.

jamón	**j**ardín
naran**j**a	**j**abón
pá**j**aro	**j**ugo

Juan **J**osé **j**uega con el **j**abón.
Julio y **j**unio son meses.

Práctica de pronunciación.   Repeat the words following the model.

jefe	homenaje	Holanda	Jerusalén	Josefina
Haití	hispano	granja	horno	joven

B. Prueba.   Write down the word that you hear. You will hear each word two times.

1. _____   6. _____
2. _____   7. _____
3. _____   8. _____
4. _____   9. _____
5. _____   10. _____

Dictado

C. Dictado. Write down what you hear in the spaces provided below.

1. _____

2. _____

3. _____

4. _____

5. _____

6. _____

Extensión. Based on what you have written, match each statement with the image below.

_____

_____

_____

_____

_____

_____

Comprensión auditiva

D. Las vacaciones en el campo. Ana recently spent her vacation with her family. Listen to the dialogue and answer the questions below.

Vocabulario importante:

inolvidable *unforgettable*   **maduro** *mature*
extensa *extensive*   **relajante** *relaxing*
se asustó *from* **asustarse**, *to become afraid*   **ventajas** *advantages*
me imagino *from* **imaginarse**, *to imagine*   **desventajas** *disadvantages*

1. ¿Dónde pasó las vacaciones Ana?

   _____

2. ¿Qué tipos de animales tiene su primo?

   _____

3. ¿Cuántas veces montaron a caballo?

   _____

4. ¿Por qué se asustó el hijo de Ana?

   _____

5. ¿Cómo es diferente la vida en el campo?

   _____

6. ¿Qué prefiere Ana: vivir en el campo o vivir en la ciudad?

   _____

E. Cuando yo era joven... Listen to the story and complete the following sentences.

Vocabulario importante:

recomendable *recommendable*   **mejorar** *to improve*
sentido de comunidad *sense of community*   **calidad** *quality*
mantenimiento *maintenance*

1. Cuando era joven vivía en _____.

2. _____ era un problema de vivir en la zona.

3. Todos los días _____ al colegio.

4. Dos veces al año, los ciudadanos _____ en el parque.

5. Choosing your answers from the list, decide where each answer belongs.

   a. delincuencia juvenil

   b. un sentido de comunidad

   c. los ciudadanos limpian las calles

   d. mucho tráfico

   e. el costo de la vida es más alto

El sur de la ciudad	El norte de la ciudad

F. Mi abuelo y yo. Mariana lives in the city. Listen to her story and match the letter to the number to form a correct statement.

Vocabulario importante:

distinta *distinct*
pozo *well*

gozo de *from* **gozar de,** *to enjoy*
salario *salary*

_____ 1. En la finca por la mañana los abuelos...

_____ 2. Por la tarde los abuelos...

_____ 3. La cosecha consistía en...

_____ 4. Ahora Mariana vive en...

_____ 5. Lo que tiene Mariana que no tenía su abuelo es...

a. todos los servicios públicos como la electricidad, el gas, el alcantarillado y el teléfono.

b. dedicaban la tarde a la producción agrícola.

c. atendían a los animales.

d. una variedad de verduras y frutas como la patata, el maíz, la lechuga y la piña.

e. el centro de la capital San José.

G. La conservación del medio ambiente. Listen to the story and decide if the following statements are true **(cierto)** or false **(falso).** Change all information in a false statement to make it true.

Vocabulario importante:

quedan intactos *stay intact*
ser explotados *to be exploited*
recuperar *to recuperate*

medida *a measure (as in a measure of protection)*
limitada *limited*

_____ 1. En muchos países de Latinoamérica ya no quedan intactos los recursos naturales.

_____ 2. Cada día se extinguen especies de flora y fauna.

_____ 3. Los políticos controlan el número de personas que visitan los parques.

_____ 4. El 15% del territorio de Costa Rica es parque nacional.

Manual de laboratorio

CAPÍTULO 7

Cambios

Pronunciación

A. Las consonantes *b* y *v*. Mientras escuches las explicaciones, repite los ejemplos de las consonantes **b** y **v**. Cuando acabes con las explicaciones, toma la prueba al final.

In Spanish there is no difference in the pronunciation of **b** and **v**. However, the pronunciation of both consonants is affected by their position in the word or phrase.

At the beginning of a word or after **m** or **n**, both **b** and **v** are pronounced like the *b* in the English word *back*.

nombre   vuelve
bodega   vuelo
Bogotá   bola

¡Qué bien que vienen Vicente y Bárbara a la fiesta!
Volví del banco en bus.

The pronunciation of **b** and **v** is much softer in all other positions (like the *b* in the English word *cabin*).

novio   recibo
Cuba   inmobiliaria
ubicación   acabar

Me acaban de dar el recibo.
Recibimos una carta desde la Habana.

B. Prueba. Escribe la palabra que oyes en el espacio. Vas a oír cada palabra dos veces.

1. _____   6. _____
2. _____   7. _____
3. _____   8. _____
4. _____   9. _____
5. _____   10. _____

Dictado

C. Dictado. Escribe lo que oyes en el espacio.

1. Carolina _____ el _____ con la _____.
2. David _____ los _____ de _____.
3. Guillermo se _____ el _____ en casa.
4. Natasha _____ el _____ en los _____.

Nombre _____ Fecha _____

Extensión. Basándote en lo que tienes escrito, escribe el número de la frase que corresponde a la imagen.

_____   _____   _____   _____

D. Dictado. Escribe lo que oyes en el espacio.

1. _____ _____ la falta de _____ en

   los _____.

2. Los _____ de _____ para la _____

   están en el _____.

3. El _____ de su _____ _____

   es _____ dólares.

4. _____ hace _____ un _____ para

   la _____ que acabo de hacer.

5. Tenemos los _____ _____ nuestra casa. Ahora

   _____ _____ comprar una _____.

6. Van a _____ el _____ en la _____.

Extensión. Basándote en lo que tienes escrito, escoge el contexto más lógico para cada frase.

1. _____   a. el banco

2. _____   b. la inmobiliaria

3. _____   c. la compañía de mudanza

4. _____

5. _____

6. _____

Comprensión auditiva

E. **La vieja patria.** Escucha el diálogo y contesta las preguntas.

Vocabulario importante:

quedarse *to stay*

_____ 1. Graciela visitó...
- a. la capital de Cuba
- b. la República Dominicana
- c. Miami

_____ 2. Graciela y su esposo se mudaron hace...
- a. 12 años
- b. 5 años
- c. 15 años

_____ 3. Se mudaron a Miami porque no querían...
- a. vivir en México.
- b. criar a sus hijos bajo el régimen de Castro.
- c. tener una hipoteca.

_____ 4. Otra razón para mudarse era...
- a. la familia en Miami
- b. la universidad
- c. la situación económica en Cuba

F. **La mudanza.** Escucha la conversación entre la cliente y el recepcionista. Escribe la información necesaria en los espacios.

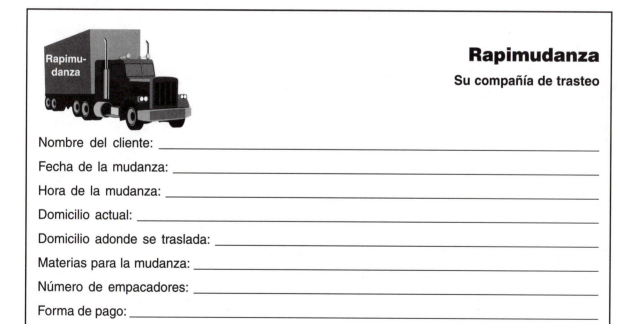

Rapimudanza

Su compañía de trasteo

Nombre del cliente: _____

Fecha de la mudanza: _____

Hora de la mudanza: _____

Domicilio actual: _____

Domicilio adonde se traslada: _____

Materias para la mudanza: _____

Número de empacadores: _____

Forma de pago: _____

G. Sucesos durante la mudanza. Escribe el número de la frase que corresponde a cada dibujo.

_____   _____   _____   _____

H. Ignacio el inmigrante. Ignacio nos cuenta su vida. Escucha su historia y contesta las preguntas.

Vocabulario importante:

ritmo *rhythm*
seguridad *security*
distanciado *distanced*

1. Ignacio vivía en Cuba hace _____.

2. Lo mejor de vivir en Cuba fue _____.

3. En cuanto a su vida profesional, ahora _____.

4. En cuanto a su vida social, ahora _____.

Manual de laboratorio

CAPÍTULO 8

A trabajar

Pronunciación

A. Las consonantes *s, z* y *c*. Mientras escuches las explicaciones, repite los ejemplos de las consonantes **s, z** y **c.** Cuando acabes con las explicaciones, toma la prueba al final.

In Latin America there is no distinction in the pronunciation of **c** (before **i** or **e**), **s**, or **z**.

cena   seis
ta**z**a   **c**inco
solicitud   correspondencia

La **c**ena **s**e **s**irve a las **s**eis.
El **z**orro e**s** un animal.

In Spain, however, **c** (before **i** or **e**) and **z** are pronounced like the English *th* in *broth*.

cien   fran**c**és
Zamora   gra**c**ias
ha**c**er   ofre**c**er

Gra**c**ias por los **z**apato**s**, **C**ecilia.
Comimos **c**ereal para la **c**ena.

B. Prueba. Escribe la palabra que oyes en el espacio. Vas a oír cada palabra dos veces.

1. _____   6. _____
2. _____   7. _____
3. _____   8. _____
4. _____   9. _____
5. _____   10. _____

Dictado

C. Dictado: La computadora. Escribe lo que oyes.

1. _____   _____
2. _____   _____
3. _____   _____
4. _____   _____
5. _____   _____

Extensión. Quieres imprimir un documento que tienes en disco. Escribe un número a la derecha de la frase para ponerla en orden lógica.

D. Dictado: Las cualidades de los empleados. Escribe lo que oyes.

1. Susana nunca _____ en _____ _____.

2. Pedro _____ bien su _____.

3. Nico _____ _____ a cualquier _____.

4. Mar se _____ _____.

Extensión. Basándote en lo que tienes escrito, escoge una palabra para describir a cada empleado.

extrovertido / dedicado / honesto / organizado / flexible

1. Susana es un empleado _____.

2. Pedro es un empleado _____.

3. Nico es un empleado _____.

4. Mar es un empleado _____.

Comprensión auditiva

E. Evaluación de los empleados. La señora Paredes es una ejecutiva *(executive)* en la compañía Compuservicios. Está evaluando el desempeño de un empleado. Escucha lo que dice y llena el formulario con la información necesaria.

Vocabulario importante:

faltar a *to be absent from,* (**faltó al trabajo:** *he was absent from work*)
aspectos sociales *social aspects*

Compuservicios

Nombre del empleado	
Puesto	
Tiempo con la compañía	
Puntualidad	
Aspectos positivos de su desempeño	
Aspectos en que necesita mejorarse	
Recomendaciones	

F. La consultora de imagen *(image consultant).*   Marta Borja tiene una cita con una consultora de imagen. Escucha la conversación y haz la actividad.

Vocabulario importante:

a culpa de   *because of*
antiguo   *ancient*

contemporalizar   *to make contemporary*
vestimiento   *wardrobe*

Indica si las frases son ciertas **(C)** o falsas **(F).** Corrige toda la información en las frases falsas.

1. _____ a.   Marta tiene un título en traducción de MIT.

   _____

   _____ b.   Marta ha tenido mucha suerte en encontrar un puesto.

   _____

   _____ c.   Marta piensa que no ha conseguido un puesto por la manera en que se presenta.

   _____

   _____ d.   Según la consultora, la buena presencia es muy importante.

   _____

   _____ e.   Van a cambiar la hoja de vida de Marta.

   _____

2. Escribe una lista de los imperativos formales que oyes.

   _____   _____

   _____   _____

   _____   _____

   _____   _____

G. Buscando a un nuevo empleado.   El señor Hurtado y la señora Paredes son los dos ejecutivos encargados de encontrar al nuevo empleado de Compuservicios. Escucha la conversación y contesta las preguntas.

Vocabulario importante:

como es de esperar   *as one would expect*

1. ¿De qué universidad tiene título Marta?

   _____

2. ¿Qué experiencia laboral tiene Marta?

   _____

3. Según las cartas de recomendación, ¿cómo es Marta?

   _____

4. ¿Qué piensan los señores de la hoja de vida de Marta?

   _____

5. ¿Qué van a hacer ellos?

   _____

H. El recado telefónico. Eres la compañera de cuarto *(roommate)* de Marta. Llegas a casa y oyes un mensaje en el *voice mail* para ella. Escribe la información importante en los espacios para Marta.

Día: _____

Hora: _____

Para: _____

Llamó: _____

Número telefónico: _____

Sobre: _____

Manual de laboratorio

CAPÍTULO 9

Acuerdos y desacuerdos

Pronunciación

A. Las consonantes *p, t* y *k*.   Mientras escuches las explicaciones, repite los ejemplos de las consonantes **p, t,** and **k.** Cuando acabes con las explicaciones, toma la prueba al final.

Unlike English, the consonants **p, t,** and **k** are not *aspirated* (pronounced with a push of air). As a test, put your hand palm forward in front of your mouth as you repeat after the native speaker. You should not feel any puff of air when you pronounce the consonants **p, t,** and **k.**

The pronunciation of **p** is similar to the *p* in the English word *puppet.*

papá	**p**atata
por	ta**p**as

Papá sirve unas ta**p**as de **p**atatas.
Por favor **p**asa el **p**lato.

The pronunciation of **t** is similar to the *t* in the English word *stop.*

todos	**t**omar
tío	**T**oledo

Todos **t**omaron café en la **t**erraza.
Mi **t**ío vive en **T**oledo.

The consonant **k** is used in very few Spanish words and is never aspirated. The consonant **c** before the vowels **a, o,** or **u,** is similar to the *k* in the English word *poker.*

kilo	**k**arate
cada	**C**órdoba
consejo	**c**uento

Carmen pesa 63 **k**ilos.
Te a**c**onsejo que **c**omas.

B. Prueba.   Escribe la palabra que oyes en el espacio. Vas a oír cada palabra dos veces.

1. _____
2. _____
3. _____
4. _____
5. _____

6. _____
7. _____
8. _____
9. _____
10. _____

Dictado

C. Dictado. Escribe lo que oyes en el espacio.

1. _____ _____ _____

   _____ _____ con tus amigos.

2. _____ _____ _____ a los amigos

   en los tiempos difíciles.

3. _____ _____ _____

   _____ a tus amigos de vez en cuando.

4. _____ _____ _____

   _____ _____ por tus amigos.

5. _____ _____ _____

   _____ los buenos y los malos tiempos con ellos.

Extensión. Basándote en lo que tienes escrito, decide si cada frase es un buen consejo **(B)** o un mal consejo **(M).**

1. _____
2. _____
3. _____
4. _____
5. _____

D. Dictado: En familia. Escribe lo que oyes.

1. _____ _____ _____

   _____ el coche esta noche para salir con mis compañeros de clase.

2. _____ _____ _____

   _____ tu cuarto antes de salir.

3. _____ _____ _____

   bien en tu examen de biología.

4. _____ _____ _____

   _____ ir al concierto este viernes.

5. _____ _____ _____

   _____ _____ con mis amigos esta noche.

Extensión. Basándote en lo que tienes escrito, decide si la frase suele asociarse con los hijos **(H)** o los padres **(P)** de familia.

1. _____
2. _____
3. _____

4. _____

5. _____

Comprensión auditiva

E. Los anuncios personales. Vas a escuchar dos anuncios personales de un servicio telefónico para personas que quieren conocer a gente nueva. Escucha lo que dicen y haz la actividad.

Vocabulario importante:

culto   *cultured, as in a "cultured person"*

_____   1. Lucinda no...
         a. está casada.   b. está divorciada.   c. es segura de sí misma.

_____   2. Lucinda busca a un hombre que...
         a. sea agresivo.   b. nunca hable.   c. la escuche.

_____   3. Manolo es...
         a. atractivo.   b. pobre.   c. ignorante.

_____   4. Manolo busca a una mujer que...
         a. sea una persona seria.   b. se ría con mucho gusto.   c. se disguste con frecuencia.

F. Consejos para el comienzo del año. La universidad puede ser una experiencia inolvidable. Vas a escuchar unos consejos que nos ayudan a adaptarnos a nuevas situaciones. Escúchalos y haz la actividad.

Vocabulario importante:

incómodo   *uncomfortable*

¿Cuáles son los consejos para una persona...

1. tímida? Es necesario _____

2. agresiva? Es mejor _____

3. nerviosa? Es importante _____

4. cerrada? Es preciso _____

G. Querida Martina. «Querida Martina» es un programa en la radio donde se resuelven los problemas personales. Escucha la conversación y contesta las preguntas.

Vocabulario importante:

últimamente   *lately*   **comportamiento**   *behavior*
raíz   *lit. the root, as in the "root of one's problems"*   **lo más pronto posible**   *as soon as possible*

_____   1. Daniel...
         a. es accesible.
         b. se enoja con los demás.
         c. ayuda mucho a los demás.

_____   2. Los amigos de Gustavo sugieren que él...
         a. no se ofenda con Daniel.
         b. deje el trabajo.
         c. informe al gerente sobre el comportamiento de Daniel.

_____ 3. ¿Qué puede ser la causa del comportamiento de Daniel?
   a. Es viudo.
   b. Está casado.
   c. Está divorciado.

_____ 4. Martina sugiere que...
   a. Gustavo hable con Daniel lo más pronto posible.
   b. Gustavo hable con el gerente.
   c. el gerente despida a Daniel.

_____ 5. Según Martina, Daniel tiene problemas porque...
   a. es desconsiderado.
   b. se siente herido y frustrado.
   c. no es buen amigo.

_____ 6. Según Martina, es importante que Daniel...
   a. encuentre otro trabajo.
   b. tome unas vacaciones.
   c. sepa que Gustavo es su amigo y que pueda contar con él.

H. Una riña entre novios. Lucinda y Manolo se están peleando. Escucha lo que dicen y haz la actividad.

Vocabulario importante:

tomar en cuenta *to take into consideration*
gustos *likes, preferences*
mi vida *lit. my life, an affectionate term used amongst people in love*

_____ 1. Lucinda está frustrada porque
   a. no hacen nada.
   b. hacen lo que Manolo quiere hacer.
   c. salen todos los días.

_____ 2. Según Lucinda, Manolo
   a. come demasiado.
   b. se ofende mucho.
   c. no toma en cuenta sus necesidades.

_____ 3. Lucinda quiere que
   a. Manolo le pregunte adónde quiere ir.
   b. Manolo le dé flores.
   c. cocine más.

_____ 4. Al final de la conversación, la pareja
   a. termina su relación.
   b. llega a un acuerdo.
   c. se casa.

Manual de laboratorio

CAPÍTULO 10

¿Qué quieres hacer?

Pronunciación

A. Los diptongos.   Mientras escuches las explicaciones, repite los ejemplos.

Vowels in Spanish are either strong **(a, e,** and **o)** or weak **(i** or **y** and **u**). A **diphthong** is the combination of two vowels that are pronounced as one syllable.

>   ag**ua**   b**ai**le   j**ue**go   v**ei**nte
>   Bebí ag**ua** en el b**ai**le.

When two weak vowels form a diphthong, the stress falls on the second vowel.

>   c**iu**dad   c**ui**dado   v**iu**da
>   Ten c**ui**dado en la c**iu**dad.

When two strong vowels are together, they are pronounced as separate syllables.

>   v**ea**n   des**ea**n   c**ao**s
>   V**ea**n el c**ao**s que causa la guerra.

Final vowels are never dipthonguized.

>   tengo   bebo   fiesta
>   No tomo jugo por la mañana.

B. Prueba.   Escribe la palabra que oyes. Vas a oír cada palabra dos veces.

1. _____   6. _____
2. _____   7. _____
3. _____   8. _____
4. _____   9. _____
5. _____   10. _____

Dictado

C. Consejos de una madre.   Las madres dan buenos consejos. Escribe lo que oyes.

1. _____ las _____ _____.

2. _____ _____ _____ antes de montar

   en bicicleta.

3. No _____ _____ de las _____.

4. _____ las _____.

Extensión. Basándote en lo que tienes escrito, escoge la parte del cuerpo que se protege con el equipo mencionado en la frase.

a. la cabeza
b. la espalda
c. las rodillas

d. los codos
e. los ojos
f. las manos

1. _____   2. _____   3. _____   4. _____

D. Tú eres el doctor. Escribe lo que oyes.

1. _____ _____ la _____ mucho.

2. Me _____ de mi _____ y no _____

   usar las _____ .

3. _____ dos _____ sin _____ .

4. Me _____ la _____ con un cuchillo.

5. Me _____ el _____ .

Extensión. Basándote en lo que tienes escrito, escoge un remedio para cada paciente.

a. ponerse un yeso
b. bajar de peso
c. tomar aspirina
d. ponerse una curita

e. tomar un descanso
f. sacar una radiografía
g. recibir una inyección

1. _____   2. _____   3. _____   4. _____   5. _____

Comprensión auditiva

E. Un anuncio. Vas a escuchar un anuncio en la radio. Contesta las preguntas al final.

Vocabulario importante:

envejecimiento *aging*
régimen *regimen*
matricularse *to register, sign up for*

_____ 1. ¿Para qué tipo de negocio es el anuncio?
    a. para un programa de concurso   b. para una exposición   c. para un gimnasio

_____ 2. ¿Qué tipo de actividad puedes hacer allí?
    a. la escalada libre   b. estiramiento   c. conducir

_____ 3. Según el anuncio, ¿cómo puedes mejorar tu salud allí?
    a. bajar de peso   b. dejar de fumar   c. evitar la gripe

F. El artista aspirante. Gustavo es un joven que aspira ser artista. Escucha lo que dice y completa las frases abajo.

Vocabulario importante:

sobrevivir *to survive*
críticos *critics*
fracaso *failure*

1. Gustavo empezará su carrera profesional después de que _____ .

2. Gustavo podrá sobrevivir como artista con tal de que _____.

3. Gustavo dará una exposición cuando _____.

4. Gustavo dará la exposición en la capital para que _____.

G. En la oficina con la doctora. La doctora Rodrigo está hablando de sus pacientes con su asistente Joaquín. Escucha el diálogo y completa el formulario abajo.

Nombre del paciente	Síntomas	Recomendaciones
Señor Moreno		
Señora Campos		
Señora Puente		
Señor Cruz		

H. Un mensaje para ti. Mañana vas de vacaciones con un amigo muy aventurero. Uds. van a pasar unos días practicando varios deportes. Escucha el mensaje y escribe una lista del equipo que vas a necesitar en el viaje.

Día	Actividad	Equipo necesario

Manual de laboratorio

CAPÍTULO 11

Mirando hacia el futuro

Pronunciación

A. El encadenamiento de palabras.   Mientras escuches las explicaciones, repite los ejemplos.

In Spanish, the boundaries between words are hard to determine in normal speech. To facilitate your comprehension and improve your pronunciation, keep in mind the following principles.

Final consonants are linked with the initial vowel of the next word.

  Muchos amigos compraron sus antologías de literatura en la librería.

Two identical vowels back to back are pronounced as one.

  Ana hace la tarea.
  Toma agua.

Two identical consonants back to back are pronounced as a lengthened one.

  Muchos supervisores supieron la verdad después de la reunión.

B. Prueba.   Escribe lo que oyes. Vas a oír cada frase dos veces.

1. _____

2. _____

3. _____

4. _____

5. _____

Dictado

C. Dictado.   Escribe lo que oyes.

1. Si _____ _____ mucho dinero,

   _____ muchos _____.

2. Si _____ _____ rica, _____ el

   _____ para la educación de mis _____.

3. Si no _____ _____, _____ con mis

   _____.

4. _____ en unas empresas si _____ más

   _____.

5. Si _____ muchos dulces, _____

   _____.

Extensión.   Basándote en lo que tienes escrito, decide si asociarías la frase con un niño **(N)** o con un adulto **(A).**

    1. _____   2. _____   3. _____   4. _____   5. _____

D. Dictado.   Escribe lo que oyes en el espacio.

1. Si _____ a los _____ , _____

    _____ a ti.

2. Si no _____ la _____ , _____ cambiar

    muchas _____ .

3. El _____ _____ _____ mejor si no

    _____ tanto.

4. Si _____ _____ y _____ ,

    _____ hacer _____ todos tus sueños.

Comprensión auditiva

E. En la oficina.   Lorena y Marco son compañeros de oficina. Indica si las oraciones a continuación son ciertas **(C)** o falsas **(F).** Cambia la información de las oraciones falsas para hacerlas ciertas.

    Vocabulario importante:

    virus   *virus*

_____   1. Lorena le dijo que desconectara el teléfono.

        _____

_____   2. La computadora tiene un virus.

        _____

_____   3. Lorena tiene que preparar un informe para Juan.

        _____

_____   4. La computadora de Juan tiene todos los nuevos programas.

        _____

_____   5. Lorena va a usar la computadora del señor Galíndez.

        _____

F. Los sueños de dos jóvenes.   Juan y Ana hablan de sus sueños. Escucha la conversación y haz la actividad.

    Vocabulario importante:

    el papel   *in this case, the "role" as in "the role one plays in something"*
    informado   *informed*
    oficio   *job, role, function*

_____   1. Juan viviría...
        a. en el campo
        b. en Santiago
        c. en la selva

_____ 2. Juan quiere...
   a. luchar contra la miseria
   b. ayudar con el hambre.
   c. proteger las especies en vía de extinción.

_____ 3. Juan haría investigaciones para que la sociedad...
   a. fuera mejor informada.
   b. tuviera más científicos.
   c. fuera más tolerante.

_____ 4. Ana lucharía...
   a. por los derechos humanos.
   b. contra la guerra.
   c. por el respeto.

_____ 5. En su trabajo Ana...
   a. daría de comer a los niños.
   b. informaría al público de las violaciones de los derechos humanos.
   c. salvaría el medio ambiente

G. ¿Recuerdas cuando eras niña? Marcelo y Gabriela están hablando de cuando eran niños. Escucha la conversación y completa las oraciones.

Vocabulario importante:

niñez *childhood*   **peluche** *stuffed animal*
muñeca *doll*   **osito** *teddy bear*

1. Gabriela quería que su madre _____ todos los días.

2. Marcelo quería que su madre _____ todos los días.

3. A Marcelo no le gustaba que su madre _____.

4. Marcelo odiaba que sus hermanos _____.

5. A Gabriela no le gustaba que sus hermanos _____.

6. Gabriela quería que sus hermanos _____.

H. Si yo no fuera doctora... La doctora Rodrigo nos dice qué haría si no tuviera esa profesión. Escucha lo que dice y contesta las preguntas.

1. Si no fuera doctora, ¿adónde se mudaría?

   _____

   _____

2. Si tuviera paciencia y constancia, ¿qué podría lograr?

   _____

   _____

3. ¿Qué es lo peor que pueda pasar en una sociedad?

   _____

   _____

4. ¿A qué tipo de organización se vincularía?

   _____

   _____

Manual de laboratorio

CAPÍTULO 12

La herencia hispana

Pronunciación

A. Recapitulación: La entonación.   Mientras escuches las explicaciones, repite los ejemplos.

Intonation is the defining sound or "music" of a language and is the result of the rising or falling of the pitch and of the stress placed on different syllables and words.

In Spanish, stress is normally placed on the next-to-the-last syllable of a word unless there is an accent to indicate otherwise. Infinitives are stressed on the last syllable. Articles, one syllable words, and exclamations are not stressed.

Escucha la conversación. Presta atención a la entonación.

—Allí está el mercado central, Amalia.
—Uy, es bien grande, Tía. Vamos a entrar.
—Se venden vegetales y frutas en esta parte.
—Dios mío. También hay ropa y aparatos eléctricos.
—Sí, vengo aquí todos los sábados por la mañana.
—Siempre me gusta ir de compras contigo, Tía.

Vuelve a la conversación y repite cada frase.

Simply by raising the intonation at the end of a sentence you turn it into a yes/no question.

Statement: Susana estudia español.

Question: ¿Susana estudia español?

Remember that intonation falls when the question begins with an interrogative word.

¿Dónde está el carro?

¿Quién llamó hoy?

Dictado:

B. La familia trotamundos *(globetrotter).*   La familia Pérez es un verdadero trotamundos. Hablan de sus numerosos viajes por el mundo. Escribe lo que oyes.

1. Si yo _____ más tiempo, _____ a

    _____.

2. El sitio más _____ que _____ fue las ruinas de

    _____ _____.

3. El _____ que viene _____ a _____.

4. Nuestro _____ Gabriel _____ la

_____ en _____ .

5. Las _____ de San _____ _____

preciosas.

6. Si _____ , _____ a _____

_____ otra vez.

7. _____ _____ me _____ mucho.

8. Los niños _____ _____ en las calles de

_____ .

Extensión. En cada frase has escrito el nombre de una ciudad. Escribe el nombre del país en que se sitúa.

1. _____   5. _____

2. _____   6. _____

3. _____   7. _____

4. _____   8. _____

Comprensión auditiva

C. Otra historia.   Escucha el monólogo y haz la actividad a continuación.

Vocabulario importante:

colonias *colonies*   **ceder** *to hand over, give up*
fundar *to found*   **petrolera** *of or pertaining to oil, petroleum*

_____ 1. Los españoles fundaron muchas ciudades, entre ellas Santa Fe, San Diego y El Paso,...
   a. después de la guerra entre los Estados Unidos y México
   b. antes de que los Estados Unidos se independizaran de Inglaterra
   c. en el estado de California

_____ 2. A consecuencia..., México tuvo que ceder casi la mitad de su territorio nacional.
   a. del descubrimiento de oro en California
   b. de un error burocrático
   c. de la guerra entre México y los Estados Unidos

_____ 3. La guerra entre México y los Estados Unidos ocurrió en...
   a. 1776
   b. 1946
   c. 1846

_____ 4. Estados como... antes eran parte de México.
   a. California, Texas, Arizona y Nuevo México
   b. Michigan y Louisiana
   c. Washington, Oregon y California

D. Más que un atleta, un hombre muy especial: Roberto Clemente.   Escucha el monólogo y completa las oraciones.

Vocabulario importante:

huella   *mark*
es recordado   *is remembered*
ligas mayores   *major leagues*

chocar   *crash*
salón de la fama   *hall of fame*
terremoto   *earthquake*

_____ 1. Roberto Clemente era...
   a. de Cuba
   b. de la República Dominicana
   c. de Puerto Rico

_____ 2. Roberto Clemente es recordado por...
   a. ser beisbolista
   b. sus esfuerzos humanitarios
   c. ser beisbolista y sus esfuerzos humanitarios

_____ 3. Roberto Clemente jugó durante los años...
   a. 40 y 50
   b. 50 y 60
   c. 30 y 40

_____ 4. Roberto Clemente murió...
   a. en Cuba
   b. en un accidente de avión
   c. en el año 1992

E. Un mensaje para ti.   Eres un(a) administrador(a) en una universidad que tiene muchos programas en el extranjero para sus estudiantes. Acabas de recibir un mensaje de una aspirante en el contestador. Escucha el mensaje y llena el formulario con la información necesaria.

Vocabulario importante:

enfoque   *focus*
vivienda   *housing*

Nombre: _____

Número de teléfono: _____

Edad: _____

Ciudad: _____

Idiomas: _____

Programa deseado: _____

Segunda opción: _____

Especialidad: _____

Preferencia de vivienda: _____

   solo(a)   con un(a) compañero(a)   con dos compañeros(as)   con una familia

Pasatiempos: _____

_____

_____

F.   Escenas en casa.   Vas a escuchar tres conversaciones. Escribe el número de la conversación en el espacio de la imagen correspondiente.

_____   _____   _____

G.   ¿Por qué estudiar español?   Escucha lo que dice el narrador y haz la actividad.

1.   Escribe las tres razones que da el narrador para estudiar español.

_____

_____

_____

2.   ¿Cuántas personas hablan español? _____

Extensión.   En tus propias palabras, escribe una composición breve explicando por qué crees que es importante estudiar español. Luego, entrega la composición a tu instructor(a).

_____

_____

_____

_____

_____

_____

_____

_____

_____

_____

_____

_____

_____

_____

_____

_____

_____

_____

CAPÍTULO 1

Autoexamen Answer Key

Éste soy yo

A. ¡Adivina!

1. a   2. c   3. b   4. c   5. a

B. ¿Cuál es diferente?

Answers for reasons and choices may vary.

1. lucha libre; *does not require a ball*
2. leer; *not a physical activity*
3. gerente; *not seen as an arts profession*
4. deporte favorito; *not a piece of "official" information*
5. limpiar; *does not require other people to carry out and is not related to "official" duties*
6. fútbol americano; *a team sport*

C. ¿Cómo debe ser?

1. boliviana
2. representan
3. Cuántos
4. llama
5. Los
6. soy, son
7. interesantes
8. arquitecta, periodistas
9. leemos, escribimos
10. trabajan

D. Preguntas.

Answers may vary. Sample responses:

No, no somos profesores. Somos estudiantes.

Estudio en la biblioteca.

Una médica cura a las personas enfermas.

La fecha de mi cumpleaños es el... de...

Durante las vacaciones nadamos, miramos tele y salimos a comer.

E. Emparejar.

1. d   2. a   3. e   4. b   5. c

F. Mi presentación

Answers may vary somewhat, but should include the following:

1. Soy/Me llamo/Mi nombre completo es...
2. Soy de/Vivo en; soy
3. Soy estudiante (universitario/a) / Estudio en la universidad.
4. *If you talk about "the students", use the **-n** form of the verb; if you include yourself, use the **-mos** form.*
5. ¿De dónde es Ud.?

En familia

A. ¡Adivina!

1. c   2. a   3. c   4. a   5. b

B. ¿Cuál es diferente?

1. melancólico; *not a positive attribute*
2. techo; *not a room*
3. cortar el césped; *an outside chore*
4. cuñada; *not a blood relative*
5. inteligente; *not a physical characteristic*
6. mi; *not a pronoun*

C. ¿Cómo debe ser?

1. estamos   2. A mis padres   3. hay   4. Nuestras
5. que   6. gusta   7. del   8. sobre

D. Preguntas.

1. k   2. f   3. e   4. a   5. d   6. m   7. h   8. j
9. c   10. g

E. ¿Recuerda Ud.?

Answers may vary.
1. Porque es una mujer mayor.
2. Se llama Laura Esquivel y es mexicana.
3. ¡Es fantástica/perfecta/ideal/maravillosa!

F. Diferencias.

Answers may vary somewhat, but should include the following:
1. Soy…, él/ella es…
2. Soy…, él/ella es…
3. tengo que *another verb*, tiene que *another verb*
4. me gusta *another verb*, le gusta *another verb*

Autoexamen Answer Key

¿Dónde y cuándo?

A. ¡Adivina!

1. a 2. c 3. a 4. c 5. b

B. ¿Cuál es diferente?

1. tren; *not related to a hotel room*
2. almacén; *not related to banking/finances*
3. cerrado; *not an expression of frequency*
4. hospital; *not a normal tourist attraction/place*
5. enfrente de; *not a command for giving directions*
6. droguería; *not related to hotel reservations*

C. ¿Cómo debe ser?

1. está, Siga
2. preferimos, prefieren
3. me gusta, nos gusta, vamos
4. limpias, tiendo, lavo, hago
5. tiene, salgo

D. Preguntas.

Answers will vary but should include the following:

Quiero...

Tengo que estudiar mucho...

Pago la cena con...

Salgo mucho con... porque...

...viaja mucho en avión porque...

E. De viaje en Puerto Rico.

1. Falso. La capital de Puerto Rico es *San Juan*.
2. Falso. *No* es posible esquiar en las montañas allí. *OR* Es posible *nadar en el oceano (or another similar tropical activity)* allí.
3. Cierto.
4. Falso. Puerto Rico está en *el Caribe*.
5. Cierto.
6. Falso. Cuando uno se va de vacaciones es buena idea llevar *cheques de viajero OR tarjetas de crédito*.

F. Mi ciudad favorita.

Answers may vary, but should include the following:

1. Se llama..., y está al norte/sur/este/oeste/cerca/lejos de...
2. La gente va a... La gente sale a / va de compras al...
3. Me gusta viajar/ir en/a...
4. Los hoteles ofrecen...

Preferencias y prioridades

A. ¿Cuál es diferente?

1. crudo; *not cooked*
2. día tormentoso; *others do not necessarily imply bad weather*
3. estar pensando; *not a physical activity*
4. sopa; *not a liquid for drinking out of a glass*
5. oro; *not a cloth material*
6. quejarse; *not related to sleeping*
7. boleto; *not something used to carry other items*
8. Madrid; *a city, not a region of Spain*
9. pantalones; *not worn on the feet*
10. plato; *not for beverages*

B. Diálogo.

d; m; r; a; i; h; o; e; b; l; f; c; j; n; g; p; k; q

C. Patrones.

1. empiezas, empezáis
2. pido, pide
3. conozco, conoces
4. se llama, nos llamamos
5. contengo, contenemos
6. mostráis, muestran
7. eres, son
8. estoy, está
9. te sientas, se sienta
10. escojo, escogéis

D. Tantas preguntas.

1. Falso; Es imposible...
2. Falso; En EE.UU., en general hace bastante calor...
3. Cierto
4. Falso; En las universidades, hay muchos partidos de fútbol americano en el otoño.
5. Cierto
6. Falso; Cuando hace mucho sol,...
7. Cierto.
8. Falso; Es necesario cortar el césped frecuentemente en el verano.
9. Falso; En EE.UU. hay muchos...
10. Cierto.

E. Prioridades.

Answers may vary.

1. blusa; trabajar en un banco es una situación formal.
2. menos, que; Puerto Rico está al sur de Alaska.
3. más; la comida de este grupo contiene muchos vitaminas, minerales y fibra pero poca grasa.
4. bañadores; normalmente hace frío.
5. cuchillo, cuchara; se usa un cuchillo para cortar la comida.
6. pasaporte; identificación.
7. me ducho, me visto; salir para la universidad.